De Cacique a Indio

Vivencias de un emigrante

REINALDO CORTÉS

Publicado por Eriginal Books LLC
Miami, Florida
www.eriginalbooks.com
www.eriginalbooks.net

Corrector de estilo. Santiago R. Bailez

ISBN-13: 978-1-61370-036-5

Índice

PRÓLOGO

El título del libro es algo llamativo: "De cacique a indio". ¡Cuántos hemos pasado por eso!, no solamente en la vida profesional sino en muchas de las actividades normales de nuestro quehacer diario. Es el cambio de un sistema a otro, de un país a otro, algo normal en nuestros tiempos. Ayer eras jefe, ahora eres empleado, ayer eras un médico acreditado ahora, con suerte, eres un "saca sangre" en un hospital.

Para los médicos que salieron de Cuba a partir de 1959 este es un tema muy conocido. La mayoría (salvo algunos privilegiados) tuvieron que hacer las camas en los hospitales, sacar sangre y bajar la cabeza como indios ante conquistadores.

Pasaron los años y los médicos cubanos en todas partes del mundo supieron demostrar sus conocimientos y su enfoque humano. Tengo una vivencia personal. Cuando yo nací el médico que atendió a mi madre fue el Dr. Guillermo Bautrín. Cuando mi esposa salió en estado en 1964 el Dr. Bautrín se encontraba en Madrid como exiliado y la atendió sin cobrar un centavo.

Llegando al día de hoy encontramos frecuentemente esta noticia: "El gobierno cubano firmó un acuerdo con el gobierno de Brasil por medio del cual se contratan médicos cubanos". En un periódico aparece una información sobre el trabajo de los médicos cubanos en Uruguay. En Venezuela muchos de los médicos cubanos que trabajan en "las misiones barrio adentro" están desertando. Esto es algo que sucede todos los días en diferentes partes del mundo. Es la gran mercancía que ofrece el gobierno cubano: "sus médicos". El gran debate es si el sistema de salud cubano es tan bueno como dicen y si los médicos cubanos son tan competentes.

Esta historia que presenta mi amigo Reinaldo Cortés es la visión de un médico cubano que estudió medicina bajo el sistema socialista. Cuenta toda su odisea más sus misiones internacionalistas, algo normal en Cuba. Después narra su llegada a los Estados Unidos y su encuentro con una nueva realidad.

Estoy seguro que el lector, sobre todo si como yo es médico y además ginecólogo, encontrará en este libro numerosas anécdotas con las cuales se podrá identificar plenamente.

En mi caso descubrí una época de la medicina en Cuba que, aunque no viví, hubiera dado cualquier cosa por haberlo hecho.

Reinaldo Cortés describe su vivencia de esa época en Cuba con minucioso detalle desde su época de estudiante hasta su vida profesional llevándonos de la mano en todo ese proceso.

Su narración sobre las misiones internacionalistas nos da una muestra de lo que es capaz este tipo de sistema con tal de sobrevivir.

La salida de Cuba de él y de su familia sería tema para otro libro.

Dr. Rafael A. Sánchez
Cayo Largo, octubre 2013

AL LECTOR

He considerado necesario escribir estas breves palabras con el objetivo de poner en contexto la lectura que gentilmente van a comenzar a realizar.

Al principio podría parecer que se trata de una autobiografía, pero me pareció útil tratar de conducirlos por el hilo de la narración, pues como su título lo expresa, tuvo que haber nacido un cacique primeramente para que después se pueda convertir en el indio, o viceversa, y, como concluirán al final de la lectura, se darán cuenta de que es lo que siempre fuimos: indios, y si creímos que llegamos a ser Caciques, no éramos más que instrumentos. Caciques condicionados a la voluntad de un sistema, sin quizás darnos cuenta, o sin querer darnos cuenta por diversas razones que también trato de plasmar en el relato.

Además, hago algunas referencias a los llamados "Consejos de Esculapio" (dios romano; Asclepios para los griegos). Se le consideraba el Dios de la Medicina, curación y la sanación, y según historiadores vivió hacia el 1200 A.C.; lo traigo a colación pues muchos de los consejos que le ofreció a uno de sus hijos que le planteó el deseo de ser Médico, no han perdido su vigencia y muy por el contrario, mantienen su actualidad si hacemos una traspolación en el tiempo y el espacio: pueden ser identificables en cualquiera de las profesiones, técnicas o no, que logramos tener en nuestros países de origen: llámese Nicaragua, Honduras, Salvador, México o Venezuela, y que pudiéramos haber sido o no, de una forma u otra, también Caciques, posteriormente convertidos en indios.

Hechas estas breves aclaraciones sobre lo que parecería una normal autobiografía de cualquiera de nosotros, inmigrantes todos sin importar sexo, orientación sexual, religión, raza u origen étnico, así como el pensamiento político y/o social que tengan, creo que ya pueden adentrarse e inmiscuirse en la lectura de esta humilde narración.

Gracias.

Dr. Reinaldo Cortés

AGRADECIMIENTOS

Creo que el agradecimiento es uno de los sentimientos más puros y sublimes de todo ser humano, puesto que todos tenemos algo que agradecer o alguien a quien agradecer, ya bien sea por el simple hecho de haber nacido, haber podido crecer, haber obtenido lo que hayamos logrado, poder amanecer día a día, pero también creo que es a veces sumamente difícil poder agradecer a todos, todo lo que debiéramos sin herir susceptibilidades. Por ello quiero que ninguno de quienes de una forma u otra me ayudaron en esta tarea se sienta olvidado. Tengan presente que aunque no los mencione ahora, siempre contarán con mi más profundo y sincero agradecimiento, y sepan sin la menor duda que sin su apoyo no hubiera sido posible lo que hoy realicé.

Si por alguna circunstancia hubiera querido enumerarlos a todos estoy seguro de que habría sido poco menos que una tarea interminable: a mi familia toda, a mis amigos incondicionales, a todos mis conocidos y/o compañeros de trabajo, quienes efectuaron una invaluable contribución aunque tal vez piensen que no fue así; si logran leerlo véanse reflejados en cada palabra, en cada párrafo, en cada idea, pues de todos ustedes es el mérito.

Les agradezco nuevamente de todo corazón su muy apreciable ayuda.

El autor

DEDICATORIA

Cuán difícil se nos hace algunas veces el simple hecho de dedicar algo a alguien y encontrar las palabras que encierren todo el calor, el fervor y el cariño con que hacemos una dedicatoria, por ello creo que aquí sí se ajusta la sentencia de que lo bueno si es breve es mejor aun.

Primero que todo va dedicado a la memoria de mi difunto padre a quien entre otras cosas creo que se lo debía.

A mi difunta madre.

A mi esposa que con su paciencia infinita y su silencio elocuente me incitaba a seguir adelante.

A mis dos hijos, por su amor infinito y su comprensión ilimitada, además de su ayuda incondicional, y sobre todo por creer en su padre a pesar de todas las dificultades encontradas.

A dos de mis grandes amigos que desde el mismo inicio en que les comenté la idea que me rondaba, me alentaron y literalmente me empujaron y no me permitieron desfallecer.

Esto va dedicado a todos aquellos que de una forma u otra nos labraron el camino e hicieron posible su realización.

En fin, a todos aquellos que en su momento fueron migrantes sin importar de dónde vinieran buscando una vida mejor.

CAPÍTULO I
Algunos antecedentes

Al comenzar a escribir una historia, una novela, un cuento, en fin, cualquiera de las formas literarias que existen, la tarea no es nada fácil, sobre todo cuando quien se aventura a ello es alguien que es un neófito en ese campo y podríamos decir: un completo ignorante, pero impulsado por un deseo enorme de escribir algo, haciendo eco de un proverbio chino que una vez oí de boca de mi difunto padre, que decía que un hombre para poder afirmar que completó su camino por la vida debía hacer tres cosas fundamentales: sembrar un árbol, tener un hijo y escribir un libro.

La primera, como todo cubano de mi generación, tuve que cumplirla, quisiera o no, debido a los tantos y tantos trabajos "voluntarios" que tuvimos que realizar. La segunda, es algo que por así decirlo es casi obligada en nuestra cultura con ribetes machistas, porque eso forma parte del cliché o norma que nos trasmitieron de generación en generación: todo hombre tiene que tener un hijo, como decían todos aquellos que en los momentos de quienes lo oía, peinaban canas. Y la tercera y mucho más difícil: escribir un libro.

Es lo que ahora estoy tratando de hacer. Ahí va. Ustedes juzgarán si valió la pena la lectura.

Ya con anterioridad había escrito un "diario". Unos apuntes sobre los primeros nueve meses que pasé en el tristemente célebre Servicio Militar Obligatorio (Ley 1165, que el 26 de Noviembre de 1963 el Consejo de Ministros de Cuba aprueba, poniéndose en vigor en 1964). Fui del segundo llamado. Corría el año 1965 y mi primer choque fue que me enviaran a casi 200 kilómetros de mi casa. El lugar poéticamente llamado "Lomas del Fine" se encontraba en Cárdenas, Matanzas, donde no existía comunicación salvo las que las unidades militares tenían.

Así las cosas, empecé a escribir "mis memorias" (¡qué fatuo!); después de terminado lo presenté para su evaluación; nunca me lo devolvieron y más tarde me enteré de que lo habían destruido con portada y todo.

Recuerdo, como nota curiosa, que en esa ocasión, afortunadamente para mí, estaba en mi mismo pelotón un recluta como yo (yo era el 897 y él el 888), llamado Heberto Norman Acosta. Heberto tenía una cultura increíble —al menos para nosotros en aquellos momentos—, y me elogió lo escrito, diciéndome que si no servía para ser leído al menos serviría como algo para recordar, ya que recordar es volver a vivir.

Pero bueno, dejemos a un lado esas disquisiciones que corresponden a un pasado borrascoso y triste aunque extremadamente real, digno de un guión para cualquier película de terror, suspenso y misterio. Experiencia vivida tanto para mí como para cientos de miles de jóvenes a los que desgraciadamente nos tocó afrontar esa tenebrosa época, y concentrémonos entonces en el tema central de esta historia.

"DE CACIQUE A INDIO: VIVENCIAS DE UN EMIGRANTE"

El título escogido, luego de varios intentos como "Extraño mi barrio", "Inmigrante ¿y qué?" resultó ser el que ya sabemos todos, y la razón por la cual tomé esta decisión se las dejo a ustedes si es que tienen la suficiente paciencia y estoicismo para poder terminar de leerlo; entonces además de agradecerlo podrán encontrar la respuesta.

Cacique

Según la Real Academia de la Lengua Española: el término *cacique*, palabra de etimología taina, significa: "El señor responsable o autoridad de los hombres". Pasó entonces a ser un concepto aplicado por los españoles a ciertas personalidades de las culturas originarias centroamericanas, sudamericanas y caribeñas. Con este término se referían a las personas que tenían poder.

En las comunidades prehispánicas taino-caribes, estos caciques no trabajaban pero se sostenían de regalos (los cacicas), y así, a los Caciques no les faltaba nada.

Emigrante

El emigrante es parte de un fenómeno tan antiguo como la humanidad misma: la migración.

Este fenómeno fue conocido inicialmente cuando se observaban las aves y algunas otras especies animales que dejaban su lugar y se movían a otros en busca de mejoras, tanto de hábitat como de alimentación.

La *emigración* consiste en dejar el propio país o la propia región para establecerse en otro país o región. La emigración termina donde comienza la inmigración.

Las razones que tienen las personas para emigrar de sus países son generalmente complejas y diversas.

Puedo decir que en mi caso y en muchos otros de mi generación sin tener en cuenta la profesión o el nivel alcanzado, fue quizás para mejorar nuestra situación económico-social, que consideramos que era incompatible con este nivel obtenido, pero por supuesto el sistema económico está indisolublemente ligado al sistema de gobierno de cualquier país, o viceversa.

Por ello mi emigración tuvo esa doble condición, no quizás en el caso de nuestros antecesores en este imparable puente de abandono de todo lo nuestro, salvo nuestra identidad, hecho éste que creo debemos agradecer de todo corazón, y por lo tanto respetar siempre al llamado "exilio histórico", que a pesar de haber emigrado mucho tiempo antes que muchos de nosotros, supo trabajar muy duro para labrarnos el camino del triunfo a quienes vendríamos después.

Pues podemos considerar que la razón principal de la salida de los primeros cubanos del paraíso del Caribe fue principalmente política, huyendo de un régimen que ya ellos habían tenido la visión de lo que más tarde se convertiría y que lleva más de 50 años: sistema político nada democrático, con escasa transparencia en la administración de los servicios públicos y la consiguiente corrupción. Las razones políticas y religiosas (como muchos de ellos tuvieron), suelen ser bastantes traumáticas y pueden conllevar al **"exilio"**, tanto si es forzado como voluntario.

Casi toda la historia de la humanidad es la historia de las emigraciones. Suponiendo que el *Homo Erectus* haya aparecido en África, el resto de la población mundial es descendiente de emigrantes.

21

Habiendo hecho estas anotaciones necesarias, continuemos.

El haber decidido abandonar nuestra hermosa Isla, sin importar realmente el momento de la decisión, demandó por supuesto no solamente un día, sino quizás meses de pensar profundamente y de pérdida de más de una noche de sueño, pues estas decisiones no son determinaciones de un momento, son resoluciones creo que para toda la vida, y resulta mucho más serio cuando la decisión involucra a una familia que se ha creado, sabiendo que siendo la familia la unidad estructural y funcional de cualquier sociedad, sobre todo cuando tenemos hijos que muchas veces no estaban enterados ni se les comentó de la medida tomada por nosotros, se convierte entonces en una decisión mucho más difícil y compleja.

Así las cosas, corría el año 1965, y ya desde entonces nos dimos cuenta de que comenzamos a ser víctimas de las mentiras y falsedades de ese régimen que se nos vendía como justiciero y misericordioso.

Me encontraba cursando el segundo año del preuniversitario (equivalente al *High School*) en El Vedado, y se nos informó que si no éramos llamados al Servicio Militar en el mes de abril, cuando se hacía el primer llamado del año, ya no seríamos llamados pues supuestamente existía una disposición que cuando se estaba estudiando en el último año de cualquier carrera o estudio superior como era el preuniversitario (bachillerato) no se nos interrumpiría.

Después de ese llamado quedamos en el aula solamente siete varones. Demás está decir que nos dedicamos por entero a estudiar, nada de fiestas ni actividades que no fueran de estudio y así poder pasar para el tercer y último año del bachillerato. Fuimos todos estudiantes ejemplares con muy buenas notas en espera que se cumpliera lo estipulado, pero... ¡¡¡Sorpresa!!!! En las vacaciones de verano, exactamente en agosto de 1965, inventaron una cosa que nombraron "llamado especial" y nos llevaron a cinco de nosotros. Ahí realmente comenzó la odisea del indio.

Cuando terminé el período de entrenamiento en la ya mencionada "Loma del Fine", me trasladaron a la Habana, específicamente a una brigada de vehículos blindados que radicaba en San José de las Lajas ("Habana Campo" en ese entonces), y de ahí a otra ubicación en el pueblo de Nazareno.

Como mi único objetivo en la vida en ese momento era empezar y terminar la carrera de Medicina, me fugaba todos los días para poder estudiar en los cursos nocturnos del Instituto de la Habana. Ahí, con miles de vicisitudes y limitaciones (incluyendo confinamiento en la llamada "compañía disciplinaria" de la propia unidad y comparecencias frecuentes a la Fiscalía Militar, que estaba en Marianao, La Habana), pude terminar el bachillerato en espera de que me licenciaran al cumplir los tres años reglamentados para que me den la "baja" (término utilizado para significar el final de servicio).

Comienzo a buscar trabajo haciendo tiempo para empezar en el próximo curso de la Escuela de Medicina en el Instituto de Ciencias Básicas y Preclínicas Victoria de Girón (antiguo colegio del Sagrado Corazón). ¡Ah!, pero ahí no acaba todo. La oportunidad de trabajo que generosamente me ofrecieron fue (sin risas, caballeros): la Columna Juvenil del Centenario, otro encierro, pero trabajando en la agricultura, ¡imagínense ustedes después de esos largos años, *eso*!

Como diría mi abuela: "Éramos pocos y parió Catana". Por supuesto que no acepté. Magnánimamente me ofrecieron otra ocupación. Esta vez para presentarme en 12 y 23 en El Vedado, cerca de lo que era el ICAIC (Instituto Cubano de Arte e Industria Cinematográfica), pensando que siendo un bachiller iba al menos a trabajar en alguna oficina o similar pues… ¡¡¡Otra sorpresa!!! Era para partir de ahí a la Ciénaga de Zapata para cazar cocodrilos.

En ese limbo laboral-social me encontré un alma buena (siempre las hay), que me indicó que por qué no aplicaba para profesor; así lo hice y obtuve un puesto en la cátedra de Biología en una Secundaria Básica en el municipio de La Lisa, en un barrio llamado "Barandilla", detrás de la ya mencionada Escuela de Medicina Victoria de Girón.

Como próximamente iba a comenzar las matriculas para la Escuela de Medicina, hasta cierto punto me convenía la ubicación del trabajo, pero empezó otra pesadilla: del Ministerio de Educación no accedían a darme la "liberación" (los documentos acreditativos para poder cesar la labor que desempeñaba como profesor), tuve que matricular (con algunos artilugios) de forma provisional.

Daba entonces mis clases como profesor y podía asistir a recibir las clases como alumno hasta que el departamento de matricula me urgió a entregar los documentos del consabido cese laboral, y después de más de una trifulca y a expensas de tener serios problemas con estos dirigentes, me dieron al fin la tan ansiada "liberación" del Ministerio de Educación. Durante todo este tiempo tuve en la carrera compañeros formidables que me ayudaban en todo, y gracias a Dios, pude sortear ese temporal. Hoy tengo la suerte de encontrar en el exilio a muchos de ellos.

CAPÍTULO II
Cronología del nacimiento de un cacique y su conversión en indio

Como siempre, nosotros los humanos, tenemos la costumbre de complicarlo todo y por supuesto vamos a seguir la rima, para no ser como un sordo cantando en un coro.

De esta forma, como en todos los eventos de la vida, existe un "antes" y un "después", pero con fines de ofrecer mayor claridad he decidido contar todas estas peripecias en: "Solamente ANTES, pues el DESPUÉS se concatena con los eventos anteriores y los posteriores".

a) Antes del Servicio Militar Obligatorio (SMO).

b) Antes de la Graduación de la carrera de Medicina (con sus 6 años de estudio).

c) Antes de alcanzar el título de Especialista de Primer Grado en Ginecología y Obstetricia (incluyendo los años de la llamada Residencia y las eufemísticamente llamadas "Misiones Internacionalistas").

d) Antes de la decisión muy acertada de salir de Cuba (hacia el exilio ¿voluntario?) rumbo a Nicaragua, con todo el camino tortuoso del trabajo como Medico-Especialista en ciudades y provincias de Cuba con mi aprobación o no. Y de nuevo otra aventura en una nueva misión internacionalista.

e) Por último, el deambular por estos nuevos avatares de la vida y horizontes mucho más luminosos aunque parecieran lejanos: la residencia; jubilación y muerte (sola vaya), en los EE.UU.

Antes del Servicio Militar Obligatorio (SMO)

Antes del SMO, después de haber nacido en mi propia casa auxiliado por una de las tantas "comadronas" que había en Cuba, en un "solar" del barrio Buena Vista, en la capital de la república y para quien no tuvo la suerte de conocer este pobre pero cálido y bello vecindario, les informo que se ubica en el antiguo Marianao "ciudad que progresa" y quizás como presagio de lo que sería mi desarrollo, nací pesando cuatro libras, con cianosis que más tarde sabría que era un sufrimiento fetal y un *distress* respiratorio; como dato anecdótico les diré que entonces mi abuelita me envolvió en algodón y me metió en una caja de zapatos con botellas de agua caliente a los lados. Seguro estoy de que ella no sabía por qué debía hacer eso, pero que en buena ley estaba sustituyendo las actuales incubadoras. Ya desde ese preciso momento creo que puedo decir "nací guerrero", sobreponiéndome desde entonces a las adversidades del destino. Las primeras letras las cursé en una escuelita de barrio como cualquier hijo de vecino, luego en la Escuela El Niño de Belén, que era la escuelita para niños pobres del Colegio de Belén.

En el cuarto grado obtuve una "beca" para estudiar en los "ricos" (como decíamos entonces al Colegio de Belén), aunque solamente incluía los estudios; pero bueno, era algo soñado por mi padre: al fin su hijo iba a estudiar en una buena escuela.

Esto, como comprenderán, trajo para toda la familia un mar de sacrificios y limitaciones, pues mi pobre padre se endeudó hasta la coronilla en la compra de los uniformes y demás enseres necesarios para al menos no ser la nota discordante. El ir y venir, por supuesto… que era a pie (que es mucho más cómodo que ir caminando).

Tuve que estudiar como un condenado y cumplir con todas las normas y reglas de la autoridad Jesuita, pero en fin, fui pasando año tras año, hasta que llegó la Fiera y mandó a parar. Corría entonces el año 1961, se intervinieron todas las escuelas privadas y quedé prácticamente en la calle, buscando entonces dónde continuar; a la sazón me encontraba en el 7mo. grado (1er. año de Secundaria Básica).

Después de algunos intentos de encontrar una escuela que se adaptara a mi actual situación, llegué a la Secundaria Básica (quizás equivalente a un *Junior High School*) "Martha Abreu", en el municipio Playa, también en La Habana.

Durante mi estancia allí no hubo hechos relevantes. Transcurrió todo como debía ser en la adolescencia con las noviecitas de barrio, fiestecitas con alcohol de 90 (era como un engendro diabólico necesario que sustituiría a las bebidas alcohólicas), que disfrazábamos con esencia de menta, fresa, etc. (quien sea de nuestra generación sabrá perfectamente qué era aquello), pues a la sazón no había forma de conseguir ninguna de las bebidas conocidas para nuestras fiestecitas, y ja, ja, ja, ¡mucho menos cerveza!).

Así entre bailes, música y juegos pasaba el tiempo, sin dejar de mencionar, claro está, las "bronquitas" entre grupitos rivales (característico de nuestro folklore de barrio). Termino el 9no. grado (tercer año de secundaria) y por supuesto no podemos dejar detrás los trabajos "voluntarios" o "productivos", donde quiera que fuéramos, llevados por espacio de horas los fines de semana.

Paso entonces a otro nivel superior de enseñanza: el preuniversitario (antiguo bachillerato), que como su nombre lo indica sería la antesala de la tan ansiada Universidad. Existían en la ciudad cuatro centros para esos estudios, conocidos por los lugares en que se encontraban. Así teníamos el Pre de Marianao; el de El Vedado; el de La Víbora; y el de La Habana (cada uno con un nombre de patriota o de algún mártir de la Revolución).

Fue ahí en el Pre de El Vedado donde había decidido continuar mis estudios, donde fui "elegido" para el ya mencionado Servicio Militar Obligatorio.

Los sinsabores, vicisitudes y dificultades que tuve que atravesar y vencer para poder terminar al fin esta etapa de los estudios superiores fueron múltiples: desde las fugas de la Unidad para estudiar en el turno de la noche, pues era la única forma de poder terminar, con la necesidad de dormir solamente cuatro horas diarias, pues terminaba a las 11:15 p.m. y de ahí tenía que partir hacia la Unidad que, como ya dijimos, se encontraba en el pueblo de Nazareno, término municipal de Managua.

¡Ah! Pero eso no era todo, ¡no, qué va!, sumemos a ello no tener dinero para comer ni tan siquiera una frita, un guarapo, por lo que las más de las veces nos íbamos "en blanco", aunque al llegar nuestros compañeros nos tenían siempre alguna sorpresita guardada: un pan con tortilla o un pedazo de carne; o dinero para el pasaje de las guaguas (ómnibus) para llegar de ida o de regreso.

Por suerte realmente no sé quién habrá sido, pero desearía conocerlo para hacerle un monumento muy bien merecido a ese héroe anónimo que inventó en algún momento la "botella"[1]; siempre existían seres de buen corazón y buenos sentimientos que nos llevaban: ya bien fuera un camión de productos del agro o un carro que transportaba cajas de muerto (féretros), o en la cama de cualquier camión (sin interesarnos realmente la carga que en ese momento transportara), o, en algunas ocasiones, felices como pasajero privilegiado de un carro.

Cuando no había más remedio teníamos que tomar la guagua (el ómnibus, que por aquel entonces corría por la ruta 38 que cumplía el viaje Víbora-Batabano, o por la ruta 59, que cubría el viaje Víbora-Melena del Sur), y decirle al conductor (cobrador) que no teníamos dinero para el pasaje, y que si quería nos bajábamos en la próxima parada; pero al final casi siempre nos respondía: "está bien,

---

[1] **botella**: manera muy sui generis de viajar en cualquier vehículo, entiéndase carro fúnebre, carretón de caballos, tractor, camión, auto, etc., pero sobre todo de manera totalmente gratis (quizás algo muy parecido al auto-stop o aventón).

pero si monta algún 'inspector' tienen que bajarse, así de sencillo".

Por supuesto, todo esto transcurría sin dejar de hacer el trabajo de "recluta" en la Unidad, que iba desde limpiar los baños y las barracas hasta clases militares y tener preparados los vehículos con que contaba susodicha Unidad.

Cuando llegaba la tarde o cuando las condiciones eran favorables empezaba la otra odisea: la fuga y llegada a las clases nocturnas, que comenzaban a las 7.45 p.m. En más de una ocasión me dormía en el aula y, según mis compañeros, hasta roncaba, pero la comprensión y la solidaridad era tanta que eso pasaba inadvertido (gracias a Dios).

De ahí a la lucha del regreso; imaginarán que a esa hora lograr una "botella" era prácticamente tarea de titanes, pero entonces mi compañero y yo guardábamos el dinerito por si había que pagar el pasaje de regreso en guagua, corriendo para no perder la "confronta" (invento éste no sabemos de quién, que significaba la última salida de la guagua de una ruta determinada), sobre la 1 o 2 de la madrugada.

Llegábamos al entronque de la carretera entre el pueblo de Cuatro Caminos y Managua, y de ahí a pie (recuerden que es más cómodo que ir caminando) hasta el campamento situado en el pueblo de Nazareno ¿recuerdan?; acostarnos con el uniforme militar y estar de pie con la diana de las 5.00 a.m., y así mil situaciones más, pero como todo en la vida sea bueno o malo todo pasa, y pensando siempre que vería "la luz al final del túnel", llegó al fin el día tan esperado de dejar esa azarosa vida.

Anteriormente mencioné el primer final, pues cada vez que hay un primero debe haber al menos un segundo, y así fue este segundo: se refiere a la incierta y preocupante baja del Servicio Militar Obligatorio, que al fin llegó un día de septiembre de 1968, saliendo del mismo con la llamada O.D. (Orden Directa) 44-9-68; después de todos los trámites obligatorios para completar dicha orden, dormí ese día creo que 24 horas seguidas y lo que es mejor aun: "Después de la más furiosa y terrible tempestad, siempre hay un hermoso amanecer".

CAPÍTULO III
Antes de la graduación de Doctor en Medicina

Como ya expuse en párrafos precedentes al otorgarme el documento que acreditaba el cumplimiento de término en el Servicio Militar, comenzaron los tropiezos para conseguir un trabajo que me permitiera al menos poder costearme los gastos necesarios como ropa, fiestas, etc., y además era prácticamente obligatorio que trabajara en cualquier labor antes de comenzar a estudiar la carrera, pues existía una disposición del entonces Ministerio del Trabajo, que establecía que cuando un obrero cesaba en sus labores para incorporarse a cualquier carrera universitaria tenía derecho a un estipendio monetario que denominaron "Resolución 258": mediante un talonario podría cobrar la generosa suma de $50.00 pesos cubanos (recuerden que cuando aquello no se podía ni tan siquiera pensar en el dólar, moneda del enemigo, luego sería pecado mortal), pero para ello era condición *sine qua non* haber sido obrero previamente, además de que esos meses en que me desempeñaba, como finalmente accedí, a ser profesor de Secundaria Básica, cobrara ese salario que consistía, si mi memoria no me falla, en $122.00 pesos mensuales.

Por supuesto que para llegar a esa posición, como recordarán, trataron (sin éxito) de hacerme cazador de cocodrilos (quizás me hubiera convertido en un avezado "cocodrilero" y hoy estaría trabajando en los Everglades, campesino citadino de la Columna Juvenil del Centenario, trabajador de la construcción en una brigada de reconstrucción del malecón habanero, etc.).

Como había terminado los estudios de pre-universitario sin estar fuera del ejército, no pude matricular ese año (1968) en la Escuela de Medicina, de ahí que en esos meses que transcurrían hasta el comienzo del próximo curso en Victoria de Girón, fue que tuve todas esas aventuras laborales, hasta que, al final de septiembre de 1969, pude matricular.

Como esbocé en párrafos precedentes, tuve mil y un tropiezos, como decimos en el argot popular: "no es fácil". Así las cosas, comencé a trabajar de profesor de Biología en la Secundaria Básica Osvaldo R. Sánchez, en un barrio del municipio La Lisa, llamado Barandilla, emblematizado por un puente llamado Puente Negro (qué nombrecitos más elocuentes, ¿verdad?), encontrándome allí al resto del claustro de profesores y... ¡Sorpresa!, el 90 %

éramos desmovilizados del SMO (Servicio Militar Obligario), con esa férrea disciplina que aunque no quieras, adquieres y que se te introduce por las venas, pues nadie quería ir a impartir clases a dicha escuela por razones obvias. Para otra sorpresa más, pude encontrarme inesperadamente con uno de mis alumnos en esa secundaria, que había salido antes que yo de Cuba, y por supuesto desde ese entonces nuestra interrumpida amistad renació con más fuerza, la fuerza que da la libertad, que solamente a quienes se les ha privado son capaces de valorar en toda su extensión, y creo que viene bien esta sentencia de Confucio: "se puede quitar a un general su ejército, pero no a un hombre su voluntad".

Todo iba transcurriendo con normalidad hasta que llegó al fin el período de inscripción y matrícula en la Escuela de Ciencias Básicas y Pre-Clínicas Victoria de Girón; como mencioné, mi lugar de trabajo estaba, afortunadamente, por detrás de la escuela, prácticamente podía y tenía que ir a pie, no caminando, porque a pie es mucho más cómodo.

En una mañana de otoño me dirigí hacia el departamento de matrícula, con el corazón saltando de gozo, con una mezcla de alegría, temor y tristeza perfectamente entendible por aquellos que algunas vez experimentaron estas emociones encontradas: alegría, por pensar que al fin iba a consolidar uno de mis más preciados sueños, y no solo mis sueños, sino también el de mi difunto padre; temor a lo desconocido, pues dejarás de temer cuando dejes de esperar (Seneca), y además sabía que no tenía todos los elementos necesarios como cualquiera para poder matricularme sin dificultad, y además porque eso me abriría las puertas a un mundo total y completamente diferente respecto del que yo provenía, en aquel otoño de 1969; y tristeza por el hecho de saber que bien podría no concretar tan importante primer paso en el futuro incierto de mi nueva vida, pero con esperanza, ya que ésta hace que agite el náufrago sus brazos en medio de las aguas, aun cuando no se vea tierra por ningún lugar.

De ahí que entonces no me quedó más remedio que personarme ante un tal *Goyito*, responsable del Departamento de Matrícula. Resultó ser que el tal *Goyito* era una persona agradable, sana, al parecer muy inteligente, ¡pero de un carácter...! de padre y muy señor mío, cascarrabias y extremadamente serio, que parecía que no le enseñaron a reír cuando era niño; aunque quizás detrás de esa coraza protectora se escondía un ser muy comprensivo y, gracias a esa bondad, me escuchó con atención esmerada. Al final de nuestra conversación, o más bien, de ese monólogo (pues solo hablaba yo, con mi nerviosismo incluido), me felicitó y me dijo:

Lo voy a matricular contra las reglas existentes, pero con dos condiciones ineludibles e invalidantes:

Primero: Cuando se termine la "fase I" (de esta forma se dividirían los períodos en esos primeros dos años de Ciencias Básicas), le llevará la liberación del Ministerio de Educación, y

Segundo: Si obtenía en mis calificaciones algún "No Pase" (eso significaba un desaprobado; por supuesto, "Pase" era como la autorización para continuar hacia la materia posterior, eso incluía todas las evaluaciones periódicas que se realizaban en todas y cada una de las asignaturas que se impartían en ese primer año de las Ciencias Básicas: Anatomía, Histología, Fisiología, etc.) quedaba entonces sin efecto esa llamada "Matrícula Provisional"

Y como todo llega, llegó también para mí: a finales del mes de septiembre de 1969 caminé lleno de orgullo personal por debajo del portón de entrada del otrora Colegio del Sagrado Corazón de Jesús, convertido ahora en el altisonante Instituto de Ciencias Básicas y Pre-Clínicas Victoria de Girón, donde únicamente se estudiaban los dos primeros años de la carrera de Medicina en todo el país.

Nadie quizás pueda valorar la sensación de triunfo, bienestar, orgullo y puro sentimiento que experimenté; aun ahora que estoy escribiendo estas líneas, afloran en mis ojos lágrimas de tristeza, de dolor, de pena, no sé, pues en aquel momento en que solamente era un joven trabajador, lleno de esperanza, muy pobre (y esto no es un cliché), donde sentía que mi horizonte al fin veía, aunque fuera lejano, una luz de esperanza. Lloré, no como un pusilánime o un débil, sino como todo un hombre que al fin podía luchar por lo que tenía perfectamente definido en la vida: eran lágrimas de hombre, silenciosas, que brotaban de lo más profundo de mi ser, y no me apena para nada decirlo y recordarlo hoy a los 63 años de edad; fue ahí donde por primera vez en mi vida supe algo que me seguiría acompañando hasta los momentos actuales: "cada hombre es arquitecto de su propio destino". No podía imaginar siquiera todos los obstáculos que a veces me parecieron infranqueables, penurias y sufrimientos que a lo largo de ese camino tuve que ir venciendo hasta lograr la tan ansiada meta de tener en mis manos y sobre todo de poder entregarle a mi padre que tanto luchó, en silencio junto conmigo, ese pedazo de papel pergamino que decía en el centro **"DOCTOR EN MEDICINA".**

En ese momento sentí como si la vida se me escapara y sentí además un vacío enorme dentro de mí y pude decirle a mi padre, lleno de orgullo: ¡¡¡Hemos cumplido, Viejo!!!

Evocando ahora ese diciembre de 1975, hace ya 35 largos años, vienen a mi mente la sensación mezclada entre alegría, tristeza, orgullo, satisfacción y si pudiera existir en la vida alguna expresión facial que resumiera todos los sentimientos de un ser humano, esa fue la expresión de mi difunto padre aquel lejano diciembre de 1975.

Creo conveniente destacar ahora una situación jocosa, pero que si la leemos con un poco de seriedad podremos entender mi situación como si fuera un mensaje subliminal de que se pudiera discutir una orientación de la dirección de la escuela. Como ya dije recién salido de una disciplina férrea, a veces abusiva pero que me sirvió para mi desarrollo personal en el futuro.

En aquellos momentos existían unos *comics* (muñequito en la televisión que representaba a un soldadito llamado Olivito). Quizás los que peinan canas en estos momentos puedan recordarlo. Pues bien, un compañero de la brigada me nombró con ese apodo ya que yo no podía entender cómo eran las cosas en una supuesta democracia donde a veces las órdenes de la dirección de la escuela se debatían y discutían; mi respuesta en aquel momento era siempre: "¿Cómo es posible que estemos discutiendo una orden de la dirección? Eso es así y ya, tenemos que cumplirlo y no discutirlo". Claro que gracias a Dios esta mentalidad fue cambiando para mi beneficio. De ahí entenderán por qué muchos de mis compañeros que después vería tanto en Cuba como en las misiones, en Miami o en Nicaragua me decían:

"Oye Olivito, ¿cómo estás?", para mi sorpresa me encontré a este amigo en Nicaragua cuando partí hacia el exilio en el año 1996.

Pero bueno, dejemos a un lado esos momentos que a pesar de ser enteramente reales no dejan de ser tristes, y volvamos al tortuoso camino que me llevó al ¿éxito?, pues todo aquel que como el ave canta, aunque la rama cruja, es porque conoce el poder de sus alas.

Había mencionado que mi matrícula estaba condicionada a dos situaciones: una de ellas dependía enteramente de mi esfuerzo. Vale destacar que fue lograda con la ayuda extraordinaria y desinteresada de todos los componentes de mi brigada "A-5", que funcionaba prácticamente como una estructura militar. Pero por supuesto sin esa rigidez de pensamiento y sin el culto a lo absurdo como era aquella disciplina militar, hoy todavía recuerdo a muchos de mis formidables compañeros y, como ya dije, muchos están aquí en Miami afortunadamente. ¡Ah!, pero la otra dependía del sistema, que con el pasar del tiempo me fui dando cuenta poco a poco que funcionaba como una rueda gigantesca de la cual no se podía ni siquiera resbalar, pues si caías, te pasaba por encima y trituraba.

Esa ayuda mencionada ¿en qué consistía?, pues desde justificarme alguna que otra asistencia necesaria a alguna clase hasta el estudio en colectivo y una solidaridad sin límites —pues tenía que ir en numerosas ocasiones a las oficinas del Ministerio de Educación— hasta continuar impartiendo mis clases como profesor en la Escuela. Pero bueno, gracias a Dios, casi al final de la Primera Fase me dieron la liberación y pude entonces ser un alumno "normal" de Medicina.

Este primer año tuvimos que empezarlo casi tres meses después de matriculado pues hubo un periodo de "trabajo voluntario", en el cual un grupo trabajaba en la construcción de lo que serían los nuevos albergues que se necesitaban en la escuela de medicina. Otro grupo fue enviado a trabajar a la planta de prefabricado del Wajay (un pueblito de lo que era entonces Habana Campo), donde se fundían los moldes de prefabricado para la mencionada construcción, y otro grupo quedaba en la escuela en labores de jardinería, embellecimiento, mantenimiento, etc.

Una vez comenzado el curso se vio interrumpido por otra contingencia ante la cual éramos completamente ajenos tanto desde el punto de vista académico como de nuestro conocimiento. Estamos hablando nada más y nada menos que del tan cacareado Censo de Población y Viviendas de 1970 (y quienes hoy son menos jóvenes, seguro recordarán esta etapa). Pues así como lo leen, nos mandaron en grupos de tres por toda la Isla con el objetivo de "dirigir" esta actividad. No, no se asombren por favor (como pienso que lo harán). Después de un tiempo corto de alrededor de 15 días, se nos impartió, en cada lugar en que fuimos ubicados, un economista o un estudiante de economía de la Universidad.

A mi brigada le tocó el Regional de Santiago de Cuba, en la antigua provincia de Oriente, y a mí específicamente el pueblo del Caney. Fue una experiencia inolvidable desde todos los puntos de vista. Ustedes se preguntarán, como también nos preguntamos muchos de nosotros: ¿qué hacíamos los estudiantes de Medicina en una labor enteramente matemática? La respuesta nos la dio el papá de uno de nuestros compañeros, y cito: "es la forma más fácil, económica y posible de movilizar una cantidad como esa de muchachos jóvenes y de preparación universitaria en tan poco tiempo".

Así las cosas, cuando terminamos volvimos a incorporarnos a las clases en Girón, y no digo reincorporarnos, pues no habíamos comenzado con los estudios.

El segundo año de la carrera fue parecido al anterior solo que con la variante de que cada semana nos esperaba un "trabajito" productivo, ya bien fuera la recogida de plátano en Artemisa, como en los muelles del puerto de La Habana, descargando los barcos allí anclados: desde ahí me empezaba a dar perfecta cuenta de que estábamos pagando con creces los estudios de Medicina, que supuestamente eran gratis.

Vale destacar que, por fortuna, tuvimos, en esa etapa fundamental de la formación de un estudiante de medicina, la oportunidad de que muy buenos profesores desde el punto de vista académico, ético y moral, nos dieran clases que nos servirían después en nuestro desempeño diario.

Para entonces estaba incorporado de "lleno" en los estudios y con suerte para mí pude acogerme a una ley llamada 258, que establecía que cuando un trabajador comenzaba a estudiar una carrera universitaria se le pagaría la cantidad de $50.00 pesos cubanos, que sumados a los 12 pesos que nos daban por estar estudiando, era un "salario" ¿Qué creen? No se rían, por favor, que esa fue una cruda realidad, ¡no es fácil!

Fueron años muy duros desde todos los puntos de vista, económico, social y académico, pues no tenía ninguna comodidad para estudiar en la casa, pero siempre se puede más, y todo aquel que se detiene a recoger las piedras que le arrojan en su camino, no llega a su destino (proverbio árabe); además, un gran amigo me dijo: "lo peor que puede encontrarse una dificultad en su camino es a un cubano, pues siempre la vence". Así andaban las cosas, pero créanlo o no éramos felices con todas esas vicisitudes. Ahora con la experiencia de las canas que ya peino, estoy convencido de que nuestra felicidad era ficticia, pues al no conocer, ni tener posibilidades de conocer otra cosa, pensábamos que "eso" era el mundo, ya que entre la propaganda (muy bien orquestada por cierto) y la desinformación nos hicieron creer que éramos el ombligo del mundo y así nos fuimos formando como profesionales de la medicina.

Terminamos al fin el segundo año de las Ciencias Básicas. De hecho de los aproximadamente 1500 alumnos que comenzamos aquel otoño de 1969, solamente terminamos alrededor de 800 o 900, con buenas, regulares y no tan buenas calificaciones. En fin, ¡al fin habíamos terminado! (No encuentro palabras en estos momentos para describir la alegría silenciosa de mi difunto padre cuando le informé que había aprobado y que comenzaba la rotación de hospitales, porque todo aquel que suspendía tanto el primero como el segundo año era expulsado de la carrera).

Comenzaba ahora otra etapa de incertidumbre, esta de corta duración, y tenía que ver con la ubicación que nuestros jefes nos asignaban (me refiero a cuál de los hospitales docentes de La Habana nos enviaban a comenzar el Área Clínica, que contaba con 3ro.,4to.,5to. Año). El 6to, que correspondía al Internado, era la antesala de la tan ansiada y anhelada "bata blanca, en funciones, porque desde el tercer año se trabajaba en hospitales con la batica (que dicho sea de paso nos dieron dos por estudiante, iguales que las que ofrecían a los barberos y carniceros por el MINCIN, léase Ministerio de Comercio Interior). Pero bueno, cada una de nuestras familias se las arreglaba y todavía en estos momentos me pregunto cómo era posible que nos consiguieran otro tipo de bata sanitaria más acorde a la situación y el lugar, siendo por supuesto punto y aparte las peripecias para mantenerlas limpias y planchaditas.

¡Ah!, como dato curioso y, si se quiere, jocoso, no puedo dejar de mencionar el estetoscopio que nos dieron para nuestro aprendizaje: saben ustedes mis queridos y pacientes lectores, nada más y nada menos que los utilizados por los veterinarios. Se podrán imaginar, pero... ahí otra vez resaltaba la inventiva del cubano. Creo que este ejemplo es suficiente: yo tenía un tío joyero que me confeccionó de un material parecido a la plata (sin serlo, claro está) la pieza en forma de "Y" que conectaba las dos partes ascendentes con las "olivas" que se ponían en los oídos, y la que conectaba la anterior con las mangueras que se unían al diafragma (estas las obteníamos de los departamentos de electromedicina, creo que de equipos de anestesia), y la pieza inferior que era por la cual los sonidos pasaban y que se ponía en contacto con la piel del paciente, se hacía con pedazos bien confeccionados de forma circular obtenidos de los filmes de Rayos X (o placas, en el argot popular). Muy ingenioso ¿verdad? Ven por qué decimos que somos como las focas que con el agua al cuello todavía aplaudimos.

Más tarde, como en 4to. o 5to. Año, nos dieron unos estetoscopios chinos (creo que de la marca SMIC, si mal no recuerdo), del cual desafortunadamente no hemos podido conseguir ninguna foto, pero eran mejores (por supuesto en aquel entonces), que los de veterinaria que nos dieron al principio; estamos hablando de los años 1972, 1975 y siguientes. Además, no conocíamos otro tipo. Como todo ser humano tiene un trauma en su vida, y a veces muere sin poder salir del mismo, yo tenía uno con el estetoscopio que me duró hasta que afortunadamente pude salir a cumplir misión internacionalista a la Republica de Namibia en 1991, y cuando vi que los médicos de otras nacionalidades tenían un B.D. (un estetoscopio de marca superior), no tuve otra opción que hablar con el director del Onadjokwe Lutheran Hospital donde me mandaron a trabajar. Con mucha pena y vergüenza le hice saber al Dr. Amambo mi deseo de poseer uno de esos equipos y este doctor, ni corto ni perezoso, me llevó al almacén y me obsequió uno (que aún conservo). Me veía como un niño con un juguete nuevo largamente anhelado, pero por supuesto la petición se tuvo que hacer extensiva a los otros cuatro compañeros de la misión.

Además quiero decirles que en mi barrio nadie todavía sabía que yo andaba por esos trajines de estudios, hospitales y demás, pues más tarde me entero de que hubo hasta apuestas entre algunos vecinos de que yo después de haber perdido todo ese tiempo en el Servicio Militar Obligatorio no iba a estudiar medicina, pero como mi conciencia tiene para mi más peso que la opinión de todo el mundo y porque además me hubiera dado tremenda pena, quizás hasta hubiera tenido que irme del barrio si yo suspendía la carrera y terminaba llevando la bata sanitaria en una *jabita* (término muy cubano que puede leerse como bolsita para productos del supermercado), y me la ponía al entrar al hospital, que como ya mencioné era el hospital Militar Docente Carlos J. Finlay de Marianao, y no fue hasta que "Cuca" la presidenta de los tristemente célebres Comités de Defensa de la Revolución de mi cuadra, y de manera fortuita, me vio un día en el Cuerpo de Guardia (Emergencias) como estudiante, en mis practicas clínicas, que el barrio se enteró.

Fui alternando el trabajo práctico con el estudio teórico. Haciendo honor a la verdad tuve muy buenos profesores "chapados a la antigua", como dijera mi difunta abuela, que no solo nos enseñaron el arte de curar, sino también el de tratar al paciente como un ser humano y a adentrarnos en sus misterios y dolencias, además de trasmitirnos con su ejemplo el valor y la necesidad invaluable de la "confidencialidad", que me ha servido de mucho en toda mi práctica diaria durante todos estos años. Después nos enteramos, como quien no quiere la cosa, de que muchas de ellas eran parte del famoso "Juramento de Hipócrates" (que nunca nos mencionaron en toda nuestra carrera). Además, no pudimos abandonar a los ya conocidos amigos inseparables: ¡Ah!, pensaron ustedes en algún momento que íbamos a dejarlos detrás; no, señor: seguían con nosotros: los trabajos productivos y/o voluntarios..., de carácter obligatorio, sin obligación explicita. (¿Cómo?)

Estos tres años de Área Clínica fueron de vicisitudes y carencias, podrán imaginar aquellos, los que son de nuestra generación y quizás un poquito más viejos, que han tenido la paciencia de llegar hasta aquí en la lectura, a qué me refiero; los problemas para nuestras madres, tratar de tenernos la "batica" limpia y planchada, y aún hoy nos preguntamos: ¿Cómo lo hacían? Realmente no lo sé, pero nos mantenían limpios y planchados, y siembre había comida en las casas. Demás está decir que lo mejorcito que se conseguía era para nosotros que nos estábamos "quemando las pestañas"; si se conseguía algún pedacito de carne de res, pollo o pescado era para nosotros.

El vecino nos regalaba un poco de café o de leche, para que desayunáramos, y quiero hacer justo reconocimiento a la madre de uno de nuestros compañeros, que hoy es un MD (*Medicine Doctor*), pues vino mucho antes que yo y logró con mucho sacrificio hacer la "revalida", el examen del famoso *Board* de Medicina, y hoy es como siempre fue, un exitoso, muy bien preparado y formidable profesional que trabaja en Miami. Ella, desafortunadamente, ya falleció aquí en Estados Unidos. Esa señora todas las noches nos preparaba un famoso "pan con tortilla" (léase algo parecido a la tortilla española, pero sin papas, ni chorizo; solamente huevos, a veces con azúcar para que simulara a la tortilla de plátano. Esta aclaración es para que, si alguno de nuestros amigos centroamericanos o suramericanos le dan una ojeadita a estos párrafos, no piensen en sus deliciosas y tradicionales tortillas), mientras estudiábamos hasta altas horas de la noche en su casa. En cierto sentido, trece de nosotros le debemos haber terminado y llegado al final de nuestra carrera.

A pesar de todo en aquellos tiempos fuimos felices, quizás porque éramos jóvenes y llenos de ilusiones que a la postre resultaron falsas, muchas veces inalcanzables, y tal vez esa propia juventud no nos dejaba ver los obstáculos reales que teníamos que vencer día a día; solo pensábamos que cada meta alcanzada era un nuevo punto de partida, pero vencimos y tal vez sin darnos cuenta pensábamos y actuábamos al decir de Hemingway: "un hombre puede ser una y mil veces destruido, pero jamás vencido"; por fortuna, así fue. Hoy jocosamente nos reímos de nosotros mismos y nos decimos una vez más que éramos como las focas.

Y llegó inevitablemente el tan ansiado sexto año de la carrera (o el Internado), donde ya nos decían "doctor", "médico", aun siendo todavía realmente alumnos de 6to. año, y digo al principio de este párrafo "el tan ansiado último año", pues junto con la esperanza de terminar llegaron las luchas intestinas y el gran problema que significaba para todos y cada uno de nosotros acerca de qué internado pediríamos; consecuentemente, con los ojos puestos en nuestra futura especialidad, a la cual nos dedicaríamos ya toda la vida. Había solamente dos opciones: el llamado Internado Vertical, en el cual el estudiante solicitaba (y digo "solicitaba", no olviden esto), estar ese último año de la especialidad que deseaba hacer; y el llamado Internado Rotatorio, que consistía en rotar un tiempo por las cuatro especialidades básicas de la medicina, a saber: Pediatría, Cirugía, Medicina Interna y Ginecología y Obstetricia.

Y como mencioné anteriormente que no olvidaran la palabra "solicitar", el llamado Internado Vertical, eso hicimos (por suerte mi amigo y compañero de más de 40 años también está hoy aquí en Miami), pedimos el Internado Vertical en Urología, situación esta que teníamos más que ganada y segura, pues desde el tercer año de la carrera éramos "alumnos ayudantes" de esta especialidad en el Hospital Militar Docente Carlos J. Finlay, donde estudiábamos la parte del área clínica, por lo cual creímos que por derecho propio esta plaza nos pertenecía sin discusión, !Ah!, pero otra gran sorpresa nos esperaba a la vuelta del camino.

Cuando publicaron las listas de los internados otorgados, nosotros por supuesto ni fuimos a verlas hasta pasados algunos días, pues nos considerábamos propietarios *per se* del susodicho internado. Hasta que una de nuestras compañeras de clases nos buscó y nos informó que no nos habían dado Urología, y que teníamos que buscar la segunda opción que habíamos solicitado simplemente por formulismo.

Cuando ingenuamente indagamos la o las razones por la cual o las cuales nos habían negado la plaza que nadie podía discutirnos, la respuesta fue tajante, clara, cruel y sin tapujos. El secretario de la tristemente célebre Unión de Jóvenes Comunistas (UJC), nos informó así no más: "El problema es que ustedes dos no son militantes de la UJC ni del Partido

Comunista de Cuba, por lo cual consideramos otras solicitudes, que sí reunían esta condición".

Demás está decir el grado de frustración, molestia, encabr…. y a su vez de impotencia extrema que sentimos en ese momento (dicho sea de paso, nos hemos encontrado hoy en día con algunos de esos personajes que nos dieron esa noticia, aquí en Miami... así es la vida). Lloramos como niños, no de tristeza sino de rabia contenida, y hasta pensamos dejar la carrera en ese momento, pero por supuesto eso significaba dejar de luchar, y yo tenía muy claro desde hacía mucho tiempo que yo era un guerrero y que "el valor de los hombres no se mide por la veces en que se cae, sino por las veces en que se levanta"; asimismo, esto conllevaba quedar mal con la persona que con su silencio elocuente siempre me animó y, ahora lo sé, por quien soporté estas y muchas otras penurias más, que a continuación les contaré: por **mi padre**, quien en los peores momentos de mi vida, cuando me encontraba en la ya mencionada Loma del Fine, lejos de toda posibilidad humana de lograr nuestro sueño, me escribió escuetamente en una sencilla pero profunda carta: "Hijo, no olvides lo que una vez expresó Maquiavelo: 'cualquier medio es bueno para llegar al fin'". Pero agregó a esta aseveración unas palabras de su cosecha: "siempre que los medios utilizados no perjudiquen a nadie ni aun a quien consideres tu peor enemigo". Hoy doy constancia de veracidad a ese proverbio árabe que dice: "todo aquel que se detiene a recoger las piedras que le tiran en su camino, no llega a su destino".

Estas simples palabras expresadas por un individuo prácticamente sin cultura académica alguna, pero con una inteligencia natural como solo seres muy observadores son capaces de experimentar, me han servido para seguir la lucha, tanto interna como a veces imaginaria y otras, real, en este difícil camino que llamamos "vida", por ello decidí bregar entonces por este derrotero hacia nuevos horizontes que, en honor a la verdad, no nos fue tan mal. "Ningún pusilánime llegó a altas cumbres" (P. Siro).

Debo señalar, ahora, que esta respuesta no era más que una consecuencia de un sistema político-económico que de una forma u otra, directa o indirectamente, de manera consciente o inconsciente ayudamos a crear; de hecho muchos de nosotros (la inmensa mayoría, me atrevería a afirmar), creímos en ese sistema y lo manteníamos (repito, quizás sin darnos perfecta cuenta) hasta que con el pasar de los años tuve la oportunidad de leer un pasaje del desaparecido Winston Churchill: "El socialismo es la filosofía del fracaso, el credo a la ignorancia y la prédica a la envidia. **Su defecto inherente es la distribución igualitaria de la miseria".**

Además, baste decir que desde el punto de vista clínico los psiquiatras definen que en el transcurso de toda dictadura aparecen tres Grandes Síndromes:

1. De muerte

2. De indefensión

3. De paranoia

Así las cosas, y a sabiendas de que la juventud es una enfermedad que solo se cura con el tiempo, comenzamos el tan poco deseado Internado Vertical de Ginecología y Obstetricia, decisión que no fue fácil; lo que quizás fue el empujoncito para tomarla fue que esa especialidad es de las llamadas "especialidades quirúrgicas", y de hecho podíamos seguir haciendo nuestras piruetas en la femineidad de la mujer ("del lobo un pelo", según el refranero popular).

Además, qué otra opción teníamos sino dedicarnos a una especialidad clínica, lo cual no nos hacía ninguna gracia; nos hacía mucha menos gracia hacer el llamado Internado Rotatorio (ya explicado antes).

Pues bien, así felices como las lombrices comenzamos el sexto año de la carrera de Medicina en la primera semana de enero de 1975, que culminaría nuestros estudios y esfuerzos con el tan ansiado y rimbombante título de "Doctor en Medicina".

La acogida en el Hospital Gineco-Obstetrico Docente "Eusebio Hernández", conocido por todos los cubanos como "Maternidad Obrera de Marianao", fue muy buena, calurosa y nos impregnó un poco de optimismo, de paz y tranquilidad espiritual, que buena falta nos hacía en aquel entonces, lo cual, pensábamos, nos hacía este tránsito (pues no olvidábamos nuestro deseo de volver a la Urología) más llevadero y fácil, pues era el último año obligatorio y si lo hacíamos más fácil, pues mejor, ¿no creen?

Viene a mi mente en este momento un proverbio chino que bien se ajusta a esta narración: "El viaje más largo siempre comienza con un simple primer paso". Quizás un poco de reflexión sería suficiente para entender toda la verdad que esto entraña.

Ese último año fue un año lleno de cosas nuevas, interesantes y sobre todo excitantes, lo que nos llevó poco a poco a adentrarnos más en sus misterios, y sin querer nos fue alejando pasito a pasito de la idea de la urología, pues cada día era descubrir algo desconocido de la increíble anatomía, fisiología y psicología de la mujer; de hecho el deseo de ser cada vez mejores y más útiles en ese difícil vericueto fue creciendo no solo en el trabajo sino también en nuestros corazones. En esto también influyó sobremanera que tuvimos la inmensa suerte de tener unos profesores, como ya dije en párrafos anteriores, "chapados a la antigua", profesores casi todos formados antes de 1959, que entre otras cosas nos enseñaron que al paciente le interesaba más, a veces, un "médico bueno" que un "buen médico".

Nos hicieron comprender que el ser buenos médicos no consistía solamente en tener el conocimiento científico-técnico (muy necesario, no obstante), sino también ser, sobre todo, humanos, pues nuestro trabajo para toda la vida no sería con objetos ni máquinas, sino con personas. A pesar del tiempo se mantienen aún con vigencia frases y sentencias plasmadas en "Los Consejos de Esculapio", como esta: "Si quieres conocer al hombre, penetrar en todo lo trágico de su destino, entonces hazte médico, hijo mío"[2].

Por supuesto que retrocedíamos un poco pues volvía el fantasma de la obligación, al recordarnos, mediante una muy bien realizada manipulación subliminal, que la carrera era gratis y que, de terminar, se lo deberíamos a la revolución.

_____

[2] Frases extraídas de los "Consejos de Esculapio" a su hijo que quería ser médico.

No pensábamos en ello entonces, pero con el pasar de los años y de todas las cosas que tuvimos que ver, nos dimos cuenta de que era una de las tantas mentiras y falacias del sistema, pues cuán gratis era si todas las semanas teníamos que ir al campo, al trabajo productivo, si parte de nuestras vacaciones las teníamos que invertir trabajando en la agricultura, si aun de alumnos teníamos que ir a cualquier lugar de Cuba al que nos mandaran a hacer funciones de médicos o personal de salud para suplir esta deficiencia en aquellos lugares (a veces inhóspitos y alejados de las ciudades), si siendo "internos" teníamos que hacer guardia cada 2 o 3 días y luego seguir trabajando en el hospital para cumplir con nuestro plan de estudio, que dicho sea de paso era ambicioso y muy completo, obligándonos nosotros mismos a ser mejores cada vez, no con el objetivo de mejorar nuestro salario (que en esos momentos era de $80.00 pesos cubanos) ni nuestra posición, sino por el orgullo personal de simplemente ser buenos, dando siempre lo mejor de nosotros, las más de las veces con un sacrificio enorme (dejando a un lado toda diversión, paseos y esparcimiento); "Te verás solo en tus tristezas, solo en tus estudios, solo en medio del egoísmo humano"[3], y no es que nos

---

[3] Frases y sentencias extraídas de los "Consejos de Esculapio", a su hijo que quería ser médico.

considerábamos la "última Coca-Cola del desierto", sino que simplemente no había otra. El estudio y el trabajo eran como un mecanismo de compensación y, por qué no, muchas veces de distracción. "Y, mi hijo, no cuentes con que este oficio tan penoso te haga rico. Te lo he dicho, es un sacerdocio y no sería decente que produjera ganancias como las que saca un aceitero o algún mercader o negociante cualquiera".

El tiempo fue pasando inexorablemente; llegó el tan temido, pero a su vez ansiado, día del examen final del Internado, que significaba el examen final de la carrera de Medicina, que nos convertiría nada más y nada menos que en "Doctores en Medicina".

En la segunda semana de Diciembre se programaron los tribunales de examen y la distribución de los profesores. Me correspondió el 17 de Diciembre de 1975, con un tribunal extremadamente temido por nosotros: el profesor Humberto Sinobas del Olmo; el profesor Eduardo Rómulo Cutie León; y el profesor Evelio Liberato Cabezas Cruz.

Los tres internos a los que nos tocó este tribunal sudamos la "gota gorda", pero lo logramos y al final, sin todavía habernos dado el veredicto, por mi nerviosismo me despedí diciendo: "Bueno colegas, muchas gracias". Después de eso casi me desmayo por el atrevimiento, pero bueno, lo tomaron con buen humor y ahí quedó todo.

El profesor Cutie, una vez terminado el examen, me llamó a su oficina y me preguntó si todavía estaba decidido a seguir en esta especialidad; como mi respuesta fue afirmativa, me entregó una copia de los ya mencionados "Consejos de Esculapio", habiendo señalado previamente algunos párrafos que ahora transcribo, y por favor, léanlos bien: "Ten fe en tu trabajo; para conquistarte una reputación, ten presente que te juzgarán no por tu ciencia sino por las casualidades del destino"; "Serás el vertedero de las nimias vanidades de muchos de tus pacientes"; "¿Sientes pasión por la verdad?, ya no podrás decirla, habrás de ocultar secretos que posees, consentir en parecer burlado, ignorante, cómplice"[4], y pudiera parecer casi increíble, pero al cabo ya de 37 años de vida profesional, esto se fue cumpliendo cabalmente.

Venía ahora, como era de esperar, la parte legal que nos autorizaría a trabajar como Doctores. Un buen día, sin tener el título (que dicho sea de paso, demoró casi tres años en que nos lo dieran, por razones que parecían obvias en aquel momento; cada vez que lo solicitábamos nos lo explicaban: cuando no había papel pergamino requerido para el mismo,

---

[4] Frases y sentencias extraídas de los "Consejos de Esculapio".

no había la tinta necesaria, o no había quien lo hiciera, etc., siempre era una justificación diferente); bien, como iba diciendo, nos citaron a uno de los salones del MINSAP (Ministerio de Salud Pública), en plena rampa habanera; llegaron entonces como 3 o 4 personeros con enormes libros y nos informaron que desde ese momento íbamos a quedar registrados como Médicos de la República de Cuba, con todas las atribuciones y responsabilidades que ello conllevaba, otorgándonos plenas facultades para ejercer nuestra carrera dentro y fuera del país. Esto nos tomó por sorpresa, pues ninguno todavía había pensado (y menos, practicado) las 2 firmas que serían oficiales para toda la vida como profesionales, una "larga" y una "corta". Quedamos registrados con un número que sería nuestra identificación para siempre, junto con un pequeño carné (documento que aún conservo), que nos identificaba en nuestras labores. Con el pasar del tiempo comprendí el porqué de esa premura por legalizarnos.

CAPÍTULO IV
Antes de alcanzar el título de especialista de 1er. Grado en Ginecología y Obstetricia

Cuando salimos de allí exclamamos casi al unísono: "¡Coñoooooo, al fin médicos!"; todavía no habíamos interiorizado completamente lo que esto significaría y que era nada más que la coronación de todas las vicisitudes pasadas. Fuimos para casa de uno de nosotros (no recuerdo bien si fue para casa de Niquito o del Chino Ángel Jorge, en la Lisa) y nos pusimos a festejar con lo que teníamos a mano: un par de botellas de "chispa'e tren" o "Warfarina"[5] (como quieran llamarle) y jugamos un rato al dominó.

En la primera semana de enero de 1976 nos presentamos en la Oficina de Docencia de la

---

[5] Bebida alcohólica hecha en casa con sabor y olor indescifrable, pero que quería semejar el ron cubano, pero a la sazón nos parecía muy agradable(a falta de pan, casabe). Su nombre viene pues existía un veneno para matar ratas que se denominaba así, warfarina.

Maternidad Obrera para comenzar los 3 años de residencia en Ginecología y Obstetricia, sin pensar que debíamos preocuparnos más por ser padres de nuestro porvenir que hijos de nuestro pasado (Miguel de Unamuno).

Algunos de nosotros comenzó siendo "Vía Directa", es decir, aquellos que no habían hecho todavía el tiempo de post-grado en cualquier lugar de Cuba que los situaran por espacio de 2 años, pero como yo había hecho con anterioridad el Servicio Militar Obligatorio, fui considerado "Vía Normal", lo que significaba un salario un poco mayor que el de los otros y poder terminar la especialidad con tesis de grado, es decir, como especialista pleno (si lo lograba, pues los otros hacían el examen final Estatal, pero cuando regresaran de su tiempo en el "campo" [condición *sine qua non*], era que presentarían la tesis y se graduarían completamente).

Como era de esperar, comenzaba ahora otro largo y no menos tortuoso camino hacia otra meta, pues cada meta alcanzada no es más que otro punto de partida.

Corría a la sazón la primera semana de enero de 1976, cuando nos personamos en la oficina del Departamento Docente del Hospital "Eusebio Hernández", la antigua Maternidad Obrera de Marianao. Haciendo un poco de historia, fue la

63

primera y única Maternidad de Cuba creada para ofrecer servicios de maternidad y Pediatría hasta el primer año de vida de los bebés allí nacidos, hijos de familias de clase obrera que deseaban esos servicios, los cuales, dicho sea de paso, eran totalmente gratuitos; por supuesto, éstos eran abonados mensualmente por los propios obreros a través de un descuento sobre sus salarios; era tal su importancia que (según un autotitulado historiador de la maternidad, cuyo nombre desafortunadamente no recuerdo en estos momentos (¡ay, juguetona memoria!), su director era designado por el Presidente de la República. Era administrada por un llamado "Patronato", esto sí lo pudimos comprobar después gracias a algunos periódicos de la época; también que la edificación ganó un premio internacional de arquitectura por su construcción, la cual, vista desde el aire, semeja un útero (la construcción central), unas trompas uterinas (las salas de hospitalización), y unos ovarios (el final ensanchado de cada sala o trompa uterina) (Ver foto tomada de internet). Existe una placa en la parte central de la edificación que corrobora esto, y el premio que le fuera otorgado entonces construida en 1939. Realmente les puedo asegurar que era una obra digna de admirar por su belleza y funcionalidad; cumplía con todos los requisitos establecidos para los que fue edificada en aquel entonces.

Vista aérea del Hospital de Maternidad Obrera en Marianao. El arquitecto Emilio de Soto recibió el premio del Colegio Nacional de Arquitectos en 1940. Google Earth.

El diseño del hospital a pesar de sus enormes dimensiones estaba diseñado con una excelente funcionalidad para la relación paciente-médico y contaba con los más avances técnicos de la época.

Como elemento central de la fachada se situaba una colosal escultura de Teodoro Ramos Blanco: Madre e hijo.

Volvamos al meollo de la narración y dejemos a un lado esta disquisición de arquitectura (materia en la que me considero un completo ignorante, aunque no dejo de ser un amante de la belleza y de las cosas bien logradas).

Nos recibieron la secretaria del subdirector docente Dr. Humberto Sinobas del Olmo, profesor titular de la especialidad con fama de muy severo, serio y recto. Nos expuso brevemente, pero con una contundencia tal que no hacían falta más palabras que las necesarias, y lo cito: "Esto no es un juego, esto o se toma en serio, o no se toma".

También, por supuesto, estaban presentes la secretaria de la subdirección Facultativa, la compañera (al decir del momento) Ángela Cobiella y el profesor titular y subdirector, el Dr. Evelio Liberato Cabezas Cruz. Además estaba presente el profesor consultante de la especialidad, el Dr. Eduardo Rómulo Cutie León. Todos ellos, como dije en párrafos anteriores, eran de esos profesores que mi abuelita decía que eran "chapados a la antigua"; de ellos aprendimos mucho, no solo medicina (ciencia para la cual eran excelentes) sino de la vida misma, tanto desde el punto de vista profesional como personal.

Así, comenzamos el trayecto hacia la especialidad de Ginecología y Obstetricia, pues en nuestro *pensum* académico ambas especialidades se fundían en una sola, teniendo siempre presente que "la gota horada la roca, no por su fuerza, sino por su persistencia" (Ovidio), nos decidimos, entonces, a horadar la roca.

Nos distribuyeron, por grupos básicos de trabajo, en diferentes salas de hospitalización que correspondían a los distintos servicios que se ofrecían en el Hospital: Obstetricia, Ginecología (general y sala de sepsis ginecológica), Puerperio, Servicio de Abortos; no existía todavía la sala de Cuidados Perinatales (una especie de cuidados intensivos de las gestantes anteparto).

A mas de ello nos asignaron consultas (tanto en el Hospital como en las aéreas de Atención Primaria a las cuales el Hospital ofrecía sus servicios, léase pueblos de Bauta, Punta Brava, Caimito, Santa Fe, Jaimanitas, la cárcel de mujeres "Nuevo Amanecer", etc.), días de turno quirúrgico (salón de operaciones), sala de partos y las consabidas guardias, las cuales no estaban estipuladas de forma escrita ni consensuadas en ningún documento, pero que eran por supuesto de cumplimiento estricto y obligatorio. Como Residentes, esas guardias eran cada 2 o 3 días dependiendo de la necesidad, pero generalmente trataban de ubicarnos en un grupo de trabajo que cambiaba cada 3 meses, y estos turnos de trabajo tenían lugar cada 5 ó 6 días, mientras que el sábado era fijo y el domingo, rotatorio. Ya a partir de ese momento podemos decir que comenzó el nacimiento de un **cacique**, pues nos fuimos dando cuenta, poco a poco, de que todo ciudadano tenía en su entorno una esposa, una madre, una hija, una hermana, en fin, alguna mujer "al retortero" (al decir popular), y esta circunstancia natural y obligada de la sociedad nos convertían, sin quererlo, en personas tenidas en cuenta por todos aquellos que nos rodeaban, y en aquella sociedad donde todo se "resolvía" por amiguismo quizás más que por dinero, nos daba cierta ventaja aun sobre otros médicos y especialidades. Pues con el tiempo aprendimos también que no hay nada que una esposa o una madre le pida a su hijo o esposo en lo que éste no la complazca; así, por ejemplo, si el esposo o el hijo (o lo que fuere) de una paciente era el administrador de una panadería, de seguro que en nuestras casas no solamente comíamos el pancito que nos daban: uno por persona por día. Tal vez ninguno tuviera un cake (torta), para su fiesta de cumpleaños, pero nuestros hijos sí lo tenían. En fin, dejo el resto a su inteligente reflexión. Vayamos un poquito más atrás y leamos o pensemos en las tribus de indios, aborígenes y otros; podrán darse cuenta de que el brujo, que hacía a su vez funciones de "curandero", no trabajaba, vivía tan bien como el propio cacique, y era considerado como alguien sumamente importante en el grupo social.

Dichos turnos de trabajo comenzaban una vez terminado nuestro trabajo diario en el hospital, y al día siguiente continuábamos con nuestro plan de trabajo; en más de una ocasión, pese a mi juventud, me quedé dormido frente a una paciente en una

69

consulta después de un día arduo y fatigoso de trabajo, pues en aras del aprendizaje y la docencia, casi todo el trabajo del servicio correspondía a los residentes e internos (hecho que agradecemos, puesto que era una verdadera manera de aprender y ganar experiencia para nuestro quehacer futuro y poder ser, así, mejores caciques). De hecho nos sentíamos bien, algo cansados, pero llenos de optimismo y mirando con luz larga, con la vista puesta en el horizonte, pues sin fe en el futuro, por muy lejano que esté o que nos parezca ese futuro, el hombre volvería al estado de las bestias.

Permítanme ahora este comentario al margen. A mediados de 1976, el 5 de agosto para ser más exactos, mi mujer y yo decidimos casarnos; mi compañera de vida con la cual arribamos ya al 37 aniversario de feliz matrimonio. De seguro ustedes se preguntarán: ¿A qué viene todo esto? Muy sencillo: pues para pasar la "luna de miel" tuve que valerme de una paciente que trabajaba en el otrora famoso Hotel Nacional de La Habana: ella nos "resolvió" una habitación por 4 días. Al otro día, en la mañana, estábamos de lo más contentos en la piscina del Hotel y oímos por los altavoces que pedían nuestra presencia en la carpeta; nos presentamos, ¿y saben cuál fue la sorpresa? Nos informaron que teníamos que abandonar la habitación (que inclusive ya habíamos pagado por adelantado), pues ese piso había sido destinado a una delegación turística (de italianos, si mi memoria no me engaña), y tuvimos que hacerlo, sin mediar ninguna otra explicación. No solo fue eso, sino que al llegar a ella, ya teníamos todo el equipaje en la puerta y nos enviaron al octavo piso, a una más pequeña y con vista al patio posterior del hotel. ¿Comprenden ahora por qué consideré necesario relatar esta vivencia?

Por supuesto que no nos quedamos ahí e inmediatamente pude contactar con otra paciente que entonces nos "consiguió" una casa en la playa de Santa María del Mar, (otra ventaja de haber sido cacique), esas que otorgaban por la C.T.C. (Confederación de Trabajadores de Cuba) a algunos obreros que el sindicato consideraba merecedores de ese "premio".

Transcurrió ese primer año de la residencia y fuimos examinados a finales del año 1976 por un tribunal de examen compuesto por 3 temidos y exigentes profesores de la época de la Escuela de Medicina, de cuando ellos mismos se hubieron graduado; (diré, como dato curioso, chistoso y fuera de serie, que iban al examen en traje de sastre, con corbata y todo, y nos obligaban concurrir a nosotros en iguales condiciones o al menos con una vestimenta más o menos elegante. Con nuestras limitaciones del momento, claro está, guardando durante todo el año los mejores "trapitos" y a veces

71

pidiendo prestado; y los zapatos, como no podían ser nuevos, sí tenían que estar limpios a como diera lugar). Afortunadamente todos pudimos pasar el tan estresante "examen de pase de año", y entonces nos encontrábamos en el segundo año de la especialidad. Nos dieron una semana de vacaciones; por supuesto, no pudimos dejar de asistir a las guardias programadas de antemano.

Ya sé, mis pacientes lectores, que están esperando el "motivito" casi obligado, por supuesto, después de esta batalla ganada. Pues bien, sí lo hicimos; fue en casa del "Bola", como cariñosamente llamamos a uno de nuestros más queridos y recordados compañeros, quien gracias a Dios pudo también salir del infierno y se encuentra junto a nosotros en Miami.

¡Ah!, el menú: croquetas "Apolo" (parecidas al cohete de ese nombre), "pega cielo" (pues se pegaba al cielo de la boca, y no había quien la zafara de ahí), algunos dulcecitos y boberías como la llamada "ensalada fría", plato casi obligado, de invitación permanente en todas las reuniones y fiestecitas, que armaban nuestras madres, esposas, abuelas, vecinos, en fin: todos aquellos que esperaron ansiosos pero confiados en nuestra nueva victoria, que no era más que la subida de otro peldaño de esa larga y tortuosa escalera hacia la meta.

Cronológicamente hablando, llegamos entonces a otro nuevo comenzar, segundo año de la Residencia, ya éramos R2 y por supuesto con esto aumentaron las responsabilidades y los deberes: casi nunca podíamos dormir en los turnos de guardia. Nos tocaba trabajar en el cuerpo de guardia (léase: emergencias), los turnos eran más seguidos en tiempo y a veces cada dos días, al igual que los turnos quirúrgicos donde siempre que faltaba algo o alguien nos buscaban y decían: "Recuerden que son R2".

De interesante en esta etapa baste decir que quizás entramos en lo que yo llamé la "efervescencia del Internacionalismo Proletario" (como eufemísticamente llamaron a las misiones internacionalistas), cuando arreció la propaganda de estas misiones internacionalistas, tanto de carácter militar, como Angola, Etiopia, etc., como las cooperaciones civiles, y por todo el hospital se mostraban carteles propagandísticos que decían más o menos así: "Ser internacionalista es saldar nuestra propia deuda con la humanidad", además de que una vez escogido o seleccionado, como protocolariamente se decía, para el cumplimiento de una misión, y de que yo dijera que era prácticamente imposible negarse a cumplirla, pues como decía un compañero nuestro: podíamos negarnos por concepto, pero entonces nunca más volvías a ser persona y según palabras de nuestro Apóstol: "Muertos no son aquellos que descansan en

73

una tumba fría, sino que son aquellos que, estando vivos, tienen el alma muerta todavía"; semejante, esta situación, a una muerte social; incluso en alguna que otra oportunidad hasta podía estar en juego tu carrera y el no poder alcanzar la culminación de tus estudios, de llegar a especialista de la especialidad que fuera. Por supuesto que tampoco estábamos exentos de los trabajos productivos "voluntarios" y socialmente útiles propios de esos tiempos; estaba de moda trabajar en los muelles del puerto de La Habana, ayudando a descargar los barcos que allí esperaban para dejar la mercadería que trajeran a Cuba, desde cualquier parte del orbe, ya bien fueran gomas de carros, sacos de arroz, de frijoles, materiales de construcción, en fin, todo lo que ustedes deseen pensar que se puede transportar en un barco hacia un país, producto de la importación.

¡Ah, no!, pero no solamente era eso lo que ocurría. Generalmente un fin de semana al mes, también estaba el trabajo en la Agricultura; íbamos casi todos los domingos a la recogida de papas en Güira de Melena, o a la de plátano en una granja llamada Waterloo, en Artemisa, en aquel entonces provincia Habana Campo.

Si nos detenemos tan solo por un minuto para ojear un calendario podremos darnos cuenta que casi siempre el mes trae cuatro fines de semana y distribuyámoslo así: un domingo a la agricultura; un domingo a la preparación combativa (clase de corte militar: M.T.T.); un domingo de guardia en el hospital, ¿qué nos quedaba?, a veces un domingo, pues en ocasiones ese domingo era ocupado para cualquier situación que hiciera falta, como por ejemplo una guardia medica en el hospital.

Pero, en honor a la verdad, en aquellos momentos sería la predisposición de nuestra juventud, o porque realmente creíamos que era lo adecuado para sembrar un "futuro mejor", basados en el principio de educación comunitaria. Claro que, "a diez de últimas", con el tiempo, tuvimos las experiencias suficientes para darnos perfecta cuenta de que aquello no era ni remotamente lo que pudiera haber pasado por nuestras mentes juveniles y oscuras, y digo oscuras porque, como dice un viejo refrán popular, "quien mucho aclara, oscurece", y esto fue lo que le paso a los ideólogos del régimen que por tanto que quisieron aclarar, oscurecieron.

Además, pienso que teníamos una buena vida, parafraseando a Bernard Russell: "Una buena vida es aquella inspirada por el amor y guiada por la inteligencia", y creo entonces que teníamos, a pesar de todo, una buena vida.

Vale destacar que no todos aquellos a quienes denominaron dirigentes (a cualquier nivel), eran malas personas, o egoístas o avaros, pues por aquellos tiempos teníamos un administrador Antonio Jorge Ramos que, dicho sea de paso, he tenido la suerte de encontrarlo aquí en Miami y de continuar esa verdadera amistad que se había visto interrumpida por el exilio.

Este individuo trabajó como administrador de la maternidad obrera en mis años de interno y residente, y fue cuando la pasamos un poco mejor, pues nos valoraba como seres humanos y como profesionales de la medicina, contrario al pensar y actuar de la mayoría de los dirigentes de otrora.

Menciono esto como comentario al margen pues era muy común el trato irrespetuoso de que éramos objeto, influidos y dirigidos por la doctrina del "igualitarismo" casi obligado e impuesto de los regímenes socialcomunistas, donde todo se resumía con la frase **"aquí todos somos iguales"**, y que tanto daño hizo a nuestra sociedad, y lo más triste, a las generaciones futuras.

Quisiera ahora que fueran tan amables y me permitieran narrar una de las anécdotas que ejemplifican claramente este hecho.

En una ocasión, haciendo cola para almorzar en el comedor del hospital, y según el *Schedule* de trabajo, las operaciones programadas de ginecología se realizaban en las tardes comenzando a la 1 pm, y desde luego que el tiempo de espera era tiempo de demora para atención directa de una paciente aquejada de un problema de salud (lo más preciado que tiene el ser humano). Entonces se le ocurrió a uno de mis profesores (desafortunadamente fallecido: el Dr. Antonio Rodríguez) solicitar a la persona encargada de "marcar" la tarjeta y permitir la entrada al comedor, que nos dejara pasar a él y a mí por las razones antes expuestas; pues: ¡sorpréndanse!, un obrero que estaba en la susodicha cola comenzó a gritar desaforadamente: "Eso no puede ser, aquí todos somos iguales, que esperen su turno, bla,bla,bla"; ni corto ni perezoso (ya que el Dr. Rodríguez era un individuo por demás calmado y tranquilo), se viró en redondo y le respondió "OK" (recuerden que no podíamos decir "OKEY"). "Ahora, cuando usted termine de almorzar, suba al Salón de Operaciones y encárguese de operar a las cuatro pacientes que tenemos en espera de ser intervenidas, y nosotros iremos a hacer el trabajo que tenga usted pendiente". El obrero contestó entonces: "Usted está loco, eso no puede ser, yo no sé nada de eso".

La pensada repuesta de mi profesor fue: "Perfectamente puede usted ver la razón por la que no somos iguales". El resto de los obreros de la fila comenzaron a gritar: "Es verdad, *fulano*, no tienes razón" y "!Uhhh!".

Sirva esta sencilla pero ejemplarizante situación para poder explicar, a quien no sea cubano y haya

77

tenido la gentileza de llegar leyendo hasta aquí, lo que es la doctrina del socialismo y del igualitarismo absurdo y desmedido.

Comenzábamos entonces el segundo año de la residencia, siempre teniendo en cuenta que "la vida solo puede ser comprendida mirando hacia atrás; pero solo puede ser vivida mirando hacia delante". Estábamos, como ya mencioné, en plena efervescencia del internacionalismo, al que se me ha ocurrido comparar con la llamada "fiebre del oro", que invadió el Oeste norteamericano. Digo esto porque casi todos, de una forma u otra, deseamos salir a cumplir misión internacionalista. También por aquellos tiempos comenzaba el envío de personal no solamente militar sino también médico para la intitulada Guerra de Angola (teniendo yo la suerte de no haber sido "escogido" para esas misiones). Ese año de la residencia transcurrió sin mayores acontecimientos, pues continuábamos trabajando mucho (por suerte); teníamos la posibilidad de aprender más cada día, ya que en nuestra carrera mientras más hiciera el estudiante, tanto de pregrado como de postgrado, mayor sería su calificación personal. El estudiante iba llenando un poco sus expectativas personales para ser cada día mejor, por la única satisfacción propia de serlo, pues el ser mejor o peor no nos representaba nada desde el punto de vista económico, pero sí desde el punto de vista social, pues ante nuestros pacientes, amigos, conocidos y familiares éramos más y mejor valorados, y eso es alimento para el espíritu, pues no solo de pan vive el hombre.

Llega entonces abril de 1978, y con ese mes el examen de "pase de año", que una vez vencido, nos pondría en tercer año de la residencia y, así, a un paso del título de Especialista de Primer Grado en Ginecología y Obstetricia. Como el anterior había sido un año sin nada para destacar, éste, por el contrario, estuvo lleno de acontecimientos que marcaron quizás un antes y un después.

Al terminar el examen vino, como ya ustedes saben, el obligado "güiro"[6], con las coqueticas de "ave" ("ave… *rigua*"), la wachipupa[7], la ensaladita fría[8], los chistes y, sobre todo, las resoluciones, cuando terminábamos jugando un poco a

---

[6] Güiro: acepción no sé de qué origen que significa para los cubanos fiesta, bochinche, alegría.

[7] Wachipupa: bebida casera que no se sabe de qué estaba elaborada pero que al paladar era relativamente agradable y nos ayudaba a ponernos en "nota".

[8] Ensalada fría: un platillo famosos y obligatorio en todas las actividades festivas de aquel entonces que consistía en algo preparado con pastas "coditos" y con mayonesa, por supuesto, hecha en casa.

adivinadores del futuro, si se quiere, sabiendo que no debíamos dejar que la tristeza del pasado y el miedo del futuro nos estropearan la alegría del presente. Esto lo traigo a colación en estos momentos que tantos años después decidí escribir, pues entre nosotros había un individuo de un valor humano como el de pocas personas que haya conocido en mi vida, pero que, hoy día, creo que estaba temeroso siempre de su futuro, aunque con razones más que sobradas, pues desde el punto de vista material su vida era muy lastimosa. Pero, como les dije antes, todo esto era compensado con creces por su altísimo valor humano. Desafortunadamente no se encuentra ya entre nosotros: murió más joven mientras se encontraba cumpliendo misión internacionalista como médico en la República de Haití, en circunstancias que no he podido averiguar, dejando dos niños huérfanos en aquella Cuba, que si Dante Alighieri hubiera vivido no hubiera descrito el infierno que describió, sino aquél, uno mucho más real.

Quizás no nos dimos cuenta de esta cruda realidad sino cuando ya era muy tarde; no así este compañero nuestro, que sí lo supo dese el principio y nunca pero nunca (y puedo decirlo con responsabilidad) le hizo el juego consciente al sistema, y por ello más de una vez tuvo sus problemas en la carrera.

Continuando con la historia de forma cronológica, comenzamos el tercer y supuestamente último año de nuestra residencia, quedándonos solamente el examen correspondiente a ese año y después el examen "Estatal", que se realizaba ante un tribunal confeccionado por las instancias superiores de la Docencia Médica Nacional, y que se llevaba a cabo en algún otro hospital docente diferente al nuestro, que generalmente coincidía con el lugar donde trabajaba el Presidente o Secretario del tribunal de examen.

Este curso exigía más responsabilidad y trabajo; demandaba estudiar casi a diario, y obligaba la confección de la "Tesis de Grado". (Este procedimiento era similar para todas las especialidades médicas).

Todo este proceso transcurría sobre rieles (si bien teniendo siempre presente que en cualquier momento podías ser elegido para cumplir alguna misión internacionalista en cualquier lugar del planeta), hasta que en agosto de 1978 llegó el momento esperado. Siendo honesto, deseábamos que llegara, pues como expuse en párrafos precedentes esto consistiría en cumplir y pagar nuestra propia deuda con la humanidad, en términos supuestamente de filantropía, sin recibir ninguna retribución material por el trabajo que, considerábamos, debíamos hacer para ayudar a otros pueblos del mundo que no tenían

81

la posibilidad de tener médicos ni enfermeras a su alcance (¡ah, cuán lejos estábamos de la verdadera realidad!). Además que nos permitiría traer alguna pacotilla[9] para nuestras familias. En este momento el Director interino de la maternidad era el profesor Eduardo R. Cutie, y fue quien en una mañana de ese caluroso agosto me citó a su oficina para informarme de la decisión de la dirección, de los organismos políticos, etc., de enviarme a una misión internacionalista, y digo "informarme" pues en el 99% de los casos no se tomaba en consideración la decisión personal del elegido, ni su libertad de elegir. Parafraseando a Abraham Lincoln: "El hombre nunca ha encontrado una definición para la palabra libertad".

Con ese episodio no acababa la cosa, pues encaminándome hacia la sala de mi esposa, que como quizás mencioné en párrafos anteriores era enfermera de nuestro hospital, me informa que ella también había sido citada a la dirección junto a otras

---

[9] Pacotilla: según la Real Academia de la Lengua Española, no era más que la mercancía que los marineros u oficiales de un barco pueden embarcar sin pagar por ello. Desde los comienzos de las salidas de los cubanos al exterior atribuimos este significado a todo aquello que fuéramos capaces de traer con nosotros (entiéndase, cualquier artículo).

enfermeras de años de experiencia y muy capacitadas, quizás de las mejores en aquel momento.

Imaginen ustedes cuál fue mi consternación, pues enseguida pensé que también ella había caído en las redes de la misión, y no estaba desacertado. Cuando sale de la oficina estaba yo esperando afuera y me dice: "Pollo (era el calificativo con el cual nos conocían en el hospital), el Dr. Cutie nos envía a los dos a cumplir la misma misión, decisión en la cual ejerció su influencia, pues nos conocía plenamente y según la solicitud del país que nos requería necesitaba personal lo más altamente calificado, de buena conducta social y moral". Quizás más adelante la mandarían sola a otra misión cualquiera.

Nuestro pequeño hijo tenía, entonces, dieciséis meses de edad, pero como además era una misión supuestamente corta (unos 15 o 18 meses a lo sumo), este era el momento.

CAPÍTULO V
Misión internacionalista

Desde ese mismo momento en que fuimos escogidos, comenzaron todos los trámites pertinentes. Pero antes déjenme informarles para qué país era la tan cacareada misión: nada más y nada menos que la República Popular e Islámica de Libia.

Para evitar ser víctimas de una frase (que según mi padre era de nuestro Apóstol), que decía: "Todo aquel que al buey sin pena imita, buey torna a ser", nos dimos a la tarea de hacer averiguaciones que consideré indispensables: ¿Cómo era su clima? ¿Dónde se encontraba? ¿Cuáles eran las enfermedades más frecuentes? Etc. Pero sobre todo, lo más nos impactó fue su idioma: **árabe**.

A mediados de agosto de 1978 nos enviaron hacia un lugar ubicado en Alquizar, en Habana Campo, llamado eufemísticamente "Motel de Internacionalistas". Por si no lo saben, antes de salir a cumplir misión en esos lugares nos tenían a buen recaudo en espera de la partida, los de misiones civiles en un lugar diferente a aquellos que eran escogidos para misiones militares. Ese lugar reunía todas las condiciones favorables para tenernos agrupados, entiéndase: buen desayuno, almuerzo, comida y una buena merienda; las literas de las "barracas"[10] con sábanas limpias cambiadas a diario y todo lo necesario para el aseo personal, además de que ofrecían cigarros a todos aquellos que fumaban. De seguro se preguntarán el objetivo: comenzar por espacio de tres meses un curso intensivo de inglés, pues era requisito indispensable que el personal que fuera para ese país supiera inglés y tuviera tres o más años de graduados.

Las clases eran impartidas en una escuela secundaria básica en el campo; como los alumnos estaban de vacaciones utilizamos todas las instalaciones. Dicho sea de paso, los profesores y todo el material audio-visual y del laboratorio para el aprendizaje del idioma era de primera línea, lo último en materia de enseñanza del idioma inglés que había en Cuba. Si no aprendimos más fue porque no le dimos la verdadera importancia que aquello tenía realmente, ni pensábamos en el futuro; se trataba de llegar a donde nos enviaban y punto. Desde ya podemos inferir que comenzó el engaño hacia quienes nos contrataron, pues más del 90% siguió sin

---

[10] Barraca: caseta construida toscamente y con materiales ligeros que puede servir de hospedaje y alojamiento.

hablar inglés, y así y todo ese 90% salió a cumplir la misión en Libia.

En ese motel también existía la tienda del Internacionalista, donde nos entregaban ropa supuestamente adecuada al viaje: maletas, ajuar masculino o femenino, enseres de aseo personal y de rasurado para hombres, en síntesis, todo lo necesario para la ocasión.

¡Ah!, pero, ¿cuál fue entonces el gran error, a nuestro entender? Todo lo entregado era casi igual: las maletas iguales, los safaris (vestimenta masculina que consistía en una chaqueta y un pantalón), todo igual. En fin, cuando nos apeábamos en cualquier aeropuerto, todo el mundo sabía que éramos cubanos, sin duda alguna.

Además, a uno de los dirigentes que supuestamente había estado antes en Libia, antes de nuestra llegada, que ese era un país de mucho calor, por lo que no nos dieron en el "módulo" ningún tipo de ropa de invierno (en párrafos posteriores mencionaré a qué nos llevó esta falsa valoración). También había en la Ciudad de La Habana algunas tiendas habilitadas al efecto, sobre todo para las damas, y ahora recuerdo una, llamada "El Baluarte", y otras.

Como arsenal profesional, profesores del Instituto de Medicina Tropical "Pedro Kouri" nos dieron varias conferencias sobre cólera y malaria, que afortunadamente solo nos sirvieron para enriquecer nuestro conocimiento médico, pues en el país en cuestión esas enfermedades no existían (o al menos no tuvimos oportunidad de verlas o tratarlas), aunque sí vimos mucha tracoma (sobre todo en niños).

Por supuesto, no nos preocupábamos por este hecho tan elemental de la diversidad, y al decir de Napoleón I: "Nos batimos más por nuestros intereses que por nuestros derechos". Solo queríamos acabar de salir de Cuba.

Pasaron al fin los tres primeros meses de instrucción y muchos quedaron en el camino, o por no tener el requisito de los tres años de graduados o porque hubieran decidido no ir a causa de diferentes razones (todas válidas), sin olvidar nunca que cada cual es el arquitecto de su propio destino.

Deseo decirles que ese tiempo de espera no fue nada fácil, sobre todo para mi esposa, quien estoicamente soportó, después, la separación de nuestro pequeño hijo. Cada noche hablábamos de lo mismo en la plazoleta del motel, y, a decir verdad, a mí no me afectó mucho, pues yo estaba consciente y hasta cierto punto contento con la salida; pero sí le afectó a ella, como madre.

Llega al fin el tan esperado día de la partida; dos días antes nos habían informado que para el primer grupo la partida sería el día 7 de noviembre de 1978, y para el segundo, una semana después. Como a los diez días nos confeccionaron el pasaporte que, por supuesto, no vimos en ningún momento, pues los llevaba el compañero de la Empresa Cuba-Técnica, a cargo de nuestra contratación, y nos lo entregaron en el avión antes de desembarcar en el aeropuerto de Trípoli. Una vez cumplidas las regulaciones aduaneras nos lo retiraban inmediatamente; en otras palabras: nos convertimos de facto en personal indocumentado; este hecho para nosotros no significaba nada en aquel momento, aunque hoy sabemos que nadie es dueño de la multitud aunque crea tenerla dominada (Eugene Ionesco).

Entre Cuba y Libia no existía línea aérea alguna; el importe del pasaje era pagado por los libios. Se estableció un vuelo chárter Habana-Trípoli, siendo esta la primera nave aérea de Cubana de Aviación en llegar a Libia.

El itinerario era de La Habana al aeropuerto de Barajas (Madrid), y después de una escala técnica de aproximadamente 2 horas, continuar rumbo a Trípoli. Todo fue de maravillas en el viaje hasta Madrid, comiendo y tomando sin limitaciones, pero al llegar al aeropuerto de Barajas, todos pensamos "¡Qué bueno!, veremos Madrid, aunque sea a través de su fastuoso aeropuerto".

¡Ah, queridos lectores!, otra sorpresa más: nos prohibieron bajar del avión mientras éste estuviera estacionado en la pista (donde recargó combustible con nosotros dentro), al igual que el trabajo de la comisaria,; en fin, no nos dejaron ni asomarnos a la puerta de la escalerilla del avión; hacía un calor extremo, pues el aire acondicionado no funcionaría mientras estuviéramos en tierra. Decirles quiero que fueron dos terribles horas de miedo y zozobra, pues veíamos a través de las ventanillas las enormes rastras de combustible al lado de nosotros, y todas las advertencias de los jefes que nos prohibían tan siquiera llegar a la puerta, tal vez sabiendo que "La violencia es el miedo a los ideales de los demás" (Gandhi), y lo único que teníamos en aquel momento era una sana curiosidad.

Llegamos a Trípoli, a un aeropuerto pequeño y como si hubiera sido quizás recién estrenado. Las penurias continuaron en ese extraño país, la revisión en aduanas fue profunda y estricta y a mí personalmente me retuvieron los libros de Ginecología y Obstetricia, pues aducían que era literatura pornográfica, curioso ¿eh? Al rato nos lo devolvieron como hicieron con el periódico "Granma" o la Revista Bohemia. Después supimos que la extrema cautela tenía que ver con la búsqueda de algún recipiente que tuviera el más mínimo contenido alcohólico, pues acorde al Corán (Libro

Sagrado del Islam), toda bebida alcohólica estaba completamente prohibida por las leyes del país, al igual que la carne de cerdo y sus derivados. Nos montaron en unos ómnibus y nos llevaron hacia una explanada donde había unos cuantos tráilers (casas móviles en muy buenas condiciones); teníamos una mezcla de esperanza y temor, ya que la esperanza y el temor son inseparables y no hay temor sin esperanza ni esperanza sin temor (Rochefocauld).

A las muchachas las llevaron a una casa grande que se encontraba en el mismo lugar, donde tenían mejores condiciones. No teníamos la más mínima idea del tiempo que estaríamos allí, a causa de una falta total de información por parte de quienes tenían la obligación de mantenernos informados. Después de la ubicación nos llevaron a un salón grande que funcionaba como una especie de comedor, con muchas mesas enormes (servidas con semejante lujo que para nosotros era algo casi sobrenatural), donde se ofrecieron comidas típicas y una sopa de unas semillitas que realmente ahora no puedo recordar su nombre, con muy buen sabor pero prácticamente incomible para nosotros, pues tenía mucho picante; también varios platos de cordero y carne de res. Se imaginarán aquel festín. No faltaban, por supuesto, las Coca-Cola, Pepsi, Mirinda, Fanta, etc., y un sinfín de jugos naturales y enlatados. Ahora bien, lo que sí no había, y quizás extrañamos un poco, era carne de cerdo, sus derivados y el laguercito frío; también había frutas; en fin, un verdadero banquete. Y como no podía faltar el toque costumbrista del cubano, muchos de nosotros tomamos algún que otro bocadillo que guardábamos en "jabitas"[11], para luego... Se dan cuenta ¿verdad?, siempre pensando que si eso era así a esa hora más tarde no tendríamos nada que comer, añorando la "fría"; de eso "nananina jabón candado"[12]; de hecho nos tuvimos que mantener bajo la ley seca todo el tiempo que duró la misión.

Como a las siete de la noche nos volvieron a citar al mismo comedor con otro festín similar, para luego llevarnos hacia algo parecido a un salón de actos, donde después de unas palabras de bienvenida nos entregaron unas *T-shirts* (pullovers), con inscripciones en verde, y algunas decían, si mal no recuerdo: "Asociados, no asalariados". Desafortunadamente no recuerdo ninguna otra de las inscripciones. Además, quizás lo más importante para ellos fue la entrega formal de dos casetes de color

---

[11] Jabita: bolsa plástica utilizada en los supermercados para empaquetar la mercancía adquirida, pero que se hizo parte integrante de nuestra anatomía.

[12] Refrán popular cubano que significa "de eso nada", que no era posible tenerlo ni conseguirlo en el momento.

verde, uno en inglés y otro en francés, que contenía el famoso "Libro Verde", donde, se suponía, estaba la solución de todos los problemas económicos del mundo. Desde luego, el ingenio del cubano pudo lograr borrar todo su contenido y en su lugar grabar canciones.

Cada vez que íbamos a recoger estos regalos nos sacaban fotos a todos y cada uno de nosotros. Al cabo de todo este tiempo transcurrido podemos decir que "el mejor profeta del futuro, es el pasado" (Lord Byron). Al segundo día nos montaron en ómnibus y nos ubicaron en nuestros lugares de destino para trabajar en dos provincias: un grupo en Nalut, ciudad situada hacia el noroeste, aproximadamente a 300 o 400 kilómetros de la capital, ubicada en la cima de una loma con una elevación de 637 metros. (2.073 pies), tan elevada como la ciudad de Baracoa, en la provincia de Guantánamo; el otro grupo en Giado, ciudad situada en el centro del país, como a 200 kilómetros de Trípoli, en la cima de otra loma similar a la anterior.

Para nosotros era algo excitante (como toda aventura nueva lo es) que nos introducía en emociones y dimensiones totalmente desconocidas, y quizás, por nuestra juventud, era algo emocionante y lindo a la vez, pero con el tiempo recordamos el proverbio chino que enuncia "excava el pozo antes de que tengas sed".

Nos ubicaron en una especie de albergue colectivo que, según nos enteramos después, había sido un sanatorio para pacientes tuberculosos. No teníamos la mínima comodidad, las condiciones de vida no eran decentes, no solo para nosotros, que éramos un matrimonio legalmente establecido, sino tampoco para ninguno de los integrantes del grupo, pero creo que como los cubamos somos la especie más creativa y adaptable del universo (no olviden que somos como las focas, que con el agua el cuello, aplaudimos), empezamos a tratar de hacer de aquel lugar un lugar más o menos adecuado para vivir, y como el gobierno libio nos informó que sería provisional hasta tanto estuvieran listas unas viviendas normales y nos pudiéramos mudar, dicha espera fue discreta, nada más y nada menos que alrededor de 1 año. En aquel grupo había cuatro matrimonios entre los 85 compañeros que estábamos allí y, como comprenderán, no había nada ni parecido a esa palabra tan bonita y necesaria como lo es "privacidad", pero todos nos dimos a la tarea de crear una especie de pequeño nido para estos cuatro matrimonios. En una casa (que había sido la dirección del sanatorio) había dos cuartos y por supuesto fueron habilitados para dos matrimonios escogidos al "azar", un cirujano con su esposa (cirujana también), que era el secretario general del Partido en la brigada, y el otro para dos obstetras de

93

Pinar del Río, que era el jefe de brigada; rara coincidencia ¿verdad?

Quedamos entonces los otros dos matrimonios oficiales. El chino Font, compañero de curso, y su esposa Marisela, y mi esposa Olguita y yo. Los amigos nos inventaron un lugarcito dentro de la parte donde estaba el resto de la brigada, con unos cartones y una puerta inventada; las camas eran canapés o Pim-Pam-Pum (desafortunadamente, no sé cómo describir realmente estas camas, mis disculpas para quien no sea cubano), y además eran individuales, se imaginarán ¿cierto? Pues bien, Isidro, el radiólogo, era un individuo con mucha chispa e inventiva y logró empatarnos con sogas esos dos canapés y poder hacernos la ilusión de que era una cama para un matrimonio, aunque hacían tremendo ruido al apenas acostarnos en ellos.

Esos inconvenientes nos fueron creando un sentimiento de hermandad y fraternidad que a pesar de los años transcurridos, donde quiera que encontráramos a cualquiera de estos compañeros de infortunio, nos recordamos con amor, cariño y amistad verdadera, la cual solo se logra, creo, cuando nace en condiciones tan difíciles; no importa después la forma de pensar o la ideología que profesáramos, siempre seríamos: "los pollos", "Isidro, Nariz", "Tilillo, triple feo", "el mocho capote", "el negro bringas", etc., por ello damos fe de las palabras de

Churchill, que dijo: "Las actitudes son más importantes que las aptitudes". Para completar el entorno de este hotel de "5 estrellas" donde comenzamos nuestra nueva vida nos falta, claro está, mencionar el baño, que sería utilizado nada más y nada menos que por 85 personas entre hombres, mujeres y los matrimonios. Pues bien, se encontraba fuera de los lugares destinados a dormir, desde los "aposentos" teníamos que cruzar una acerita sin paredes hasta allí. Solamente tenía agua fría y si queríamos utilizar un poco de agua caliente, tan necesaria en un lugar donde llegó a nevar, teníamos que inventar una manera de calentar el agua, y también aquí brilló el ingenio cubano: se hicieron unos calentadores artesanales con madera y unas resistencias, ya usted sabe.

¿Qué hacíamos en las noches para evacuar los emuntorios líquidos?, pues nada más y nada menos que con latas de leche NIDO en cada cuarto, y en la mañana nos deshacíamos de ellos; por suerte era tanto el frío (al menos para nosotros los cubanos) que el baño diario no era una prioridad, pero bueno, nunca será tarde para buscar una vida mejor y más nueva, si en el empeño ponemos coraje y esperanza.

Ahora, por decantación, nos toca el turno de una cocina-comedor para satisfacer las necesidades de 85 personas. La cocina para elaborar los alimentos era un lugar readaptado para esos fines, y el cocinero que nos mandó la Empresa cubana, que supuestamente tenía que velar por nuestros intereses de colaboradores y que fue contratada entre ella, el MINSAP (Ministerio de Salud Pública), y el gobierno libio, era la Empresa Cuba-Técnica un engendro diabólico del que más adelante nos ocuparemos. Pues bien, el cocinero no era sino un chofer de guagua (ómnibus) en La Habana, Cuba, pero como era amigo de uno de los dirigentes de la susodicha empresa, fue enviado allí para que fuera internacionalista y buscara la correspondiente "pacotilla". Como a los 3 o 4 días comenzamos a notar que el café con leche de la mañana era muy aguado, y que sabía a cualquier cosa menos a café con leche. Al final de la investigación resultó que el famoso cocinero preparaba la leche no como lo indicaban las instrucciones del fabricante sino más aguada, porque creía que si la hacía como era, nos iba a dar problemas digestivos tales como deposiciones liquidas; claro, después supimos que el hecho era que él notificaba la compra, por ejemplo, de diez latas de leche Nido, para un período determinado de tiempo, y solamente compraba cinco y se adueñaba del resto del dinero; interesante ¿no creen? Como ésta, mil barbaridades más. Al fin comenzó la distribución del personal para trabajar en el hospital de Nalut, e increíblemente, a pesar de la "perfecta organización" de la que nos preciamos los cubanos, quedamos como diez compañeros sin ubicación laboral dado que ya la plantilla del personal estaba cubierta. Día a día esperábamos por la solución a nuestra situación; pues ustedes dirán *coño, es mejor estar allí comiendo, "pacotilleando"[13], jugando cartas y paseando por ese nuevo e interesante lugar hasta que los ubicaran*, pero quiero decirles que no fue así, nos sentíamos defraudados, tristes y abandonados como se siente un enamorado ante la negativa del amor de su vida, pero bueno, aunque los perros ladren, la caravana pasa. Fueron pasando los días entre un tremendo frío y sin abrigos con que cubrirnos, y la comida preparada por el "afamado chef", que consistía, esas primeras semanas, en huevo frito y arroz, y de vez en cuando alguna carne de res; ¿adivinen a qué se debió ese suculento menú? Según nos enteramos más tarde, sucedió que como el contrato con el gobierno libio no estaba hecho correctamente, el Ministerio de Salud no pagó ni un centavo por nosotros por un espacio de tiempo que ahora no recuerdo, y toda la manutención corrió por parte de la Embajada de Cuba, que, no sobrará decir, y en honor a la verdad, nos tocó en esta primera parte un personal adecuado y muy profesional, con decir que aun la huella del tiempo no ha sido capaz de borrar el nombre del Embajador ni

---

[13] Pacotillando: gerundio del verbo "pacotillear", traducido como adquirir cualquier cosa que pensáramos fuera de utilidad a nuestros o a nuestras familias en Cuba.

de su tercer secretario: Marissi, natural de Guantánamo, y de Aníbal, respectivamente, los cuales nos dieron una atención esmerada, como correspondía a nuestra condición de profesionales, que contrastaba mucho con la ofrecida por el personal dirigente de la tristemente célebre Empresa Cuba-Técnica. En una de las discusiones que tuvimos, uno de nuestros compañeros les expresó: "Fíjate, mi hermano, date cuenta de que ustedes están aquí por nosotros, no nosotros por ustedes, pues a ustedes los estamos manteniendo nosotros, pues por si tú no lo sabías ni a ti ni a ninguno de ustedes el gobierno libio da un centavo ¿de acuerdo" Estoy convencido de que estos susodichos jefes nunca leyeron estas palabras de Napoleón Bonaparte (y aun creo que no sabían quién era este señor): "Podemos detenernos cuando subimos, pero no cuando descendemos". Nos enteramos con el tiempo de que esto le sucedió a muchos de esos dirigentes.

Otro hecho que no por ser chistoso deja de ser bochornoso y triste, fue el hecho del frío tan cruento que padecíamos, y que no nos dieran nada en el módulo que sirviera para estas bajas temperaturas. A mucho protestar (y con más de uno enfermo de neumonía) decidieron comprarnos abrigos, hasta ahí todo bien ¡Ah!, pero la sorpresa estuvo en que todos los que compraron eran "iguales", sin diferencia de color, forma o confección, ni masculinos ni femeninos, lo que nos valió el apodo de los "SUA-SUA", que en el idioma árabe significa "los iguales"; quizás les lleve a sus labios una sonrisa de jocosidad, pero por favor hagan una traspolación en el tiempo hacia ese lugar y verán que de chistoso no tenía nada en absoluto.

¿La razón?: se compraron en un almacén de unos italianos en Trípoli donde salieron mucho más baratos que de haberlos hecho como Dios manda; curioso, ¿no es así?

Al fin, al cabo de varios meses, no recuerdo cuántos, "¡Oh memoria, enemigo mortal de mi descanso!" (Miguel de Cervantes), fuimos entonces trasladados hacia otra provincia, ya mencionada antes, llamada Giado, para comenzar el trabajo para el cual fuimos enviados allí. Para beneplácito nuestro jefe de brigada era nuestro amigo y un individuo cabal, un cirujano llamado Lázaro López, que al llegar nos tuvo que ubicar en una casa que tenía cuatro cuartos, distribuidos de la siguiente manera: en uno ubicaron a dos ginecólogas, en el otro a una ginecóloga y una enfermera, en el otro a una enfermera sola y el restante, cercano a la puerta, nos lo dieron a nosotros; tuvimos que hacer lo mismo que en Nalut: pegar los dos "canapés", amarrados con soga, y así hacernos la idea de que era una cama normal para personal adultas. Qué ingenuos habíamos sido, ¿verdad?, habíamos pensado que dormiríamos en una cama. Ja, ja, ja.

Las condiciones mejoraron un poco pues el baño estaba dentro de la casa y los compañeros que cohabitábamos éramos muy buenas personas, en toda la extensión de la palabra. La jefa de la casa era una Dra., cuyo nombre aún recordamos con cariño y amor, Aralia Núñez, natural de Matanzas; su función era distribuir las tareas domésticas y administrar los víveres, y el llamado aseo personal que los jefes de Cuba-Técnica nos entregaban para el mes. Es decir que llevamos nuestra miseria humana hasta un país remoto, claro que eso solamente tenía una mezquina razón: administrar el dinero que la Misión nos daba para nuestra estancia; nos daban el arroz que supuestamente debíamos consumir los siete integrantes de la casa en el mes, la carne de res, huevos, leche, etc., así como un jabón por persona al mes y la pasta de dientes y demás enseres. A propósito, mencionaré ahora una anécdota sobre una pasta de dientes que nos dieron uno de esos meses y que por poco nos hace perder la dentadura, pues era una pasta especial para la limpieza de las dentaduras postizas (prótesis dentales). Por suerte un técnico de estomatología que pertenecía a la brigada, en cuanto la vio, fue casa por casa, evitando así una catástrofe. ¿Y saben por qué sucedió eso? Pues en un almacén encontraron que la susodicha pasta dental era mucho más barata que la que habían comprado antes y, como no sabían nada de inglés, y muchísimo menos de árabe, la compraron y se embolsillaron la diferencia.

Así pasaba con los cigarros, que por disposición de internacionalista nos debían ofrecer 20 cajetillas, mensualmente, de las marcas que se pudieran comprar en el país; otro negocio: para la misión cada cajetilla costaba 30 piastras (1 Dinar libio era igual a 100 piastras). Pues bien, se encontró una tienda donde cada cajetilla al por mayor se compraba en 28 piastras, saquen pues cuenta y verán cuánto ganaban nuestros queridos responsables sin hacer nada cada mes, y por supuesto no importaba la marca. Y como nosotros, los cubanos, no teníamos ni idea de la diversidad de marcas existentes en una sociedad de consumo, la aceptábamos hasta con satisfacción. Como esa, hubo múltiples de estas amargas experiencias vividas por espacio de 32 meses.

Después de muchas discusiones y de demostrar con hechos irrebatibles estas irregularidades a las instancias superiores, accedieron a planificar una cantidad de dinero, que según ellos era suficiente para sufragar nuestros gastos de comida, aseo personal y el estipendio (entiéndase algo así como salario devengado, que equivalía a la astronómica cifra de 10.00 dinares libios que, según el cambio de aquel entonces, serían 33 USD). Desde luego que nunca veríamos los dólares, pues recuerden que la tenencia y utilización de esa moneda estaba prohibida y penada en Cuba, y además era lo establecido para todos los internacionalistas en cualquier lugar del planeta donde estuvieran cumpliendo misión, es decir, el equivalente a 10 dólares, en la moneda del país en cuestión.

La repartición de los cigarros continuaba en manos de los jefes administrativos de la misión. Según ellos, después de múltiples reuniones y cálculos matemáticos llegaron a la conclusión que podíamos vivir en ese país con la cantidad mensual de 30 dinares (equivalente más o menos a 100 USD), más los 10 del estipendio más 1 dinar para la "recreación". Ese dinero era entregado, después de varias firmas y documentos, al jefe de la casa (fuera varón o mujer) para que se comprara lo necesario, y al final del mes había que dar fe exacta de cuánto y en qué se había gastado ese dinero, menos el del estipendio. Claro que sabíamos que quien nada arriesga, nada teme, nos decidimos a arriesgarnos y a establecer nuestra propia administración secreta dentro de cada casa, con honestidad y sin maldad, para el bienestar de todos los integrantes.

Les contaré ahora otra de las historias que nos convertirían en "caciques", aun en aquella lejana tierra. Una noche, estando de turno en el hospital, la hija de un libio llamado Mohamed (dueño de la carnicería enfrente de nuestra vivienda, que dicho sea de paso, aborrecía a los cubanos y a los cuales no quería venderles carne), me preguntó cuánto tiempo pasaría para que se produjera el parto, y como por supuesto eso para nosotros no era un gran problema, le calculé un tiempo aproximado y afortunadamente así fue, entonces para ese señor fui casi como un profeta y me convertí en el único cubano que podía comprar carne de res en su carnicería, a un precio, si se quiere, preferencial (claro, esto del precio nunca lo dominaron los jefes, ja, ja, ja).

Otra anécdota que ahora también recuerdo: el dueño de una tienda de electrodomésticos donde se vendían los ya obsoletos casetes de grabadoras, una madrugada me llevó a su niña, que tenía fiebre y dolor de garganta; al examinarla el diagnóstico fue una simple amigdalitis eritematopultacea, le puse tratamiento y a los 2 o 3 días la niña estaba sin problemas. Pues bien, ahí no para la cosa: una noche conversando en la casa nos enteramos de que en la tienda de Said iban a "sacar" (término muy cubano al referirse a que algo se iba a vender en algún establecimiento), cajas de casetes y, como era de esperar, todos nos levantamos bien temprano en la mañana para hacer la consabida cola para poder adquirirlos. Al llegar Said y verme en la cola con mi señora, me llamó y me dijo "usted no tiene que esperar, venga conmigo y compre todo lo que desee".

Esto, obviamente, conllevó a una llamada de atención por los organismos políticos y administrativos de la brigada, pues consideraban que eso iba en contra de los intereses de la mayoría de los integrantes, ¿no creen?

Llegó al fin, después de muchísimas vicisitudes y tragos amargos. Pero Miguel de Cervantes escribió en una ocasión: "Confía en el tiempo, que suele dar dulces salidas a muchas amargas dificultades", el esperado e inseguro aire de vacaciones de fin de año. Se procedió a armar dos grupos: uno saldría en noviembre de 1979 y el otro al regreso del primero, hacia finales de diciembre de 1979. Huelga decir que ese mes previo nos ajustamos aun más los cinturones con el objetivo de ahorrar para poder *pacotillear* y, sobre todo, llevar a nuestro único hijo lo que considerábamos en aquel momento necesario: muchos juguetes que él nunca había visto, ni tampoco podría haber visto jamás; esto fue favorable, pues como mi esposa y yo estábamos juntos, los intereses eran comunes y nunca podría existir conflicto de intereses, ni para su familia ni para la mía.

También ayudó a esto que el jefe de la brigada que, como ya mencioné, era Lázaro, nos envió a ella y a mí para cubrir las vacaciones de los compañeros que estaban en un pueblo llamado Fiasla, situado como a 35 kilómetros del resto del grupo, cuando regresáramos de nuestras vacaciones a finales de diciembre, donde no iba nadie a supervisarnos ni a visitarnos. Fue un mes aterrador, solos los dos, sin televisor, con una grabadorita (cuya música nos había hastiado al tercer día), viviendo en el área del "dispensario" o "puesto médico", como deseen llamarle, con salidas cuatro veces a la semana hacia otros pequeños sitios donde se daban consultas en lugares remotos, inhóspitos. Solamente teníamos el viernes libre que, como sabrán, es el día de asueto de los árabes. No teníamos transporte propio y para comprar los víveres teníamos que endulzar al chofer de la ambulancia para que nos llevara al pueblito más cercano a comprar lo necesario para 1 o 2 semanas, pero como es una tontería temer lo que no se puede evitar, no temíamos esa nueva condición pensando en la retribución monetaria que se nos brindaría al final de ese mes.

Llegó al fin la tan ansiada reunión mensual de la brigada, con una mezcla de incertidumbre, pesar, temor, toda una amalgama de sentimientos muy difícil de poder explicar, pues ahí se iba a notificar la decisión de las vacaciones y las consabidas listas (como para todo) de quién iría en el primer grupo, y quién en el segundo. Como mencioné, a nosotros nos correspondió el primer grupo, que nos acercó al objetivo de pasar las Navidades en Cuba, en compañía de toda la familia.

Los días que precedieron a la partida fueron tormentosos, no encuentro otra palabra para describirlos: noches sin dormir, sin comer, etc., haciendo el equipaje y pesando cada 5 minutos la pacotilla, pues decían que no se podía pasar de 40 kilogramos, ya que según el contrato, la misión pagaba 20 kilos y el gobierno libio los otros 20. Al final, claro está, esto no se cumplió y cada uno llevó todo lo que pudo, sin contar los famosos maletines de mano, donde usted podía encontrar desde un par de zapatos o un ventilador, hasta una caja de muerto.

Comentario aparte para la ropa que nos pusimos para el viaje: dos pantalones, tres camisas, dos relojes, etc.; las muchachas, varias zayas, pantalones, blusas, en fin, todo lo que fuéramos capaces de soportar hasta nuestra llegada, siempre temiendo el episodio obligado de las revisiones aduaneras, sobre todo la parte libia, pues en Cuba, por aquellos tiempos, con los internacionalistas eran bastante flexibles en la entrada del equipaje y la pacotilla.

Bueno amigos, llegó la hora de montarnos en el ómnibus para llegar al aeropuerto de Trípoli, y de ahí a la tan querida tierra. Al llegar nos bajaron a todos y "nos leyeron la cartilla", y nosotros aun sin los pasaportes. Como el vuelo era un chárter de Cubana de Aviación, no podíamos esperar que llegara en tiempo y forma; tuvimos que aguardar en el pequeño aeropuerto más de 24 horas, sin comer ni bañarnos, sentados donde pudiéramos. Por suerte para nosotros la brigada de constructores cubanos, que estaba en la capital, se compadeció de nosotros y nos trajo agua y café cubano. Entonces fue cuando los jefes de la misión decidieron que hiciéramos una "colita" (cola pequeña), una fila para darnos un ticket para una soda, y nos dieron un bocadito cuyo contenido, en estos momentos, luego de más de 30 años, no puedo recordar cuál era.

¡Ah!, pero el problema no había terminado, ¡noooo, qué va! A la hora de chequear el equipaje tuvimos que lidiar fuertemente acerca de la pacotilla con el personal libio de la aduana. En fin, quizás hubiera sido otro de los viajes de Ulises-Odiseo: claro que todos y cada uno de nosotros estaba más que pasado del peso permitido, sin contar el equipaje de mano (no podíamos con ellos); tampoco había espacio en el avión soviético IL-62, que nos transportaría, pero bueno, como dijo Hemingway: "Un hombre puede ser una y mil veces destruido, pero jamás vencido", logramos el objetivo. El viaje fue muy ameno, grato y reconfortante, casi todos estábamos sumamente alegres por las bebidas alcohólicas que nos ofrecieron sin limitación, y además por la excelente y frecuente comida. Hicimos escala técnica en Barbados, y al igual que había sucedido en la escala de Madrid, no nos dejaron bajar del avión.

Al llegar al aeropuerto José Martí de La Habana, ya nuestros familiares estaban esperando por segundo día consecutivo, pues el MINSAP (Ministerio de Salud Pública), había informado que llegaríamos el día anterior. Como mencioné en párrafos precedentes no tuvimos la menor de las dificultades en la aduana, y pudimos pasar toda la pacotilla que traíamos, tanto en el equipaje como en el llamado equipaje de mano. La alegría de nuestros seres queridos fue apoteósica: llantos, risas, chistes, silencios elocuentes, en resumen, toda una mezcla de sentimientos que solo el que ha estado en esta situación o alguna similar podrá entender.

Como llegamos cerca de las Navidades, nos dimos a la tarea de organizar dicha festividad con los seres que amábamos y queríamos, claro está, después de repartir como los Reyes Magos la pacotilla traída con tantos sacrificios, tanto materiales como espirituales. Pero como nunca es más negra la noche que cuando se acerca el amanecer, nos sobrepusimos, y como las cuatro condiciones de mayor valor en la vida del ser humano son el amor, la bondad, la familia y las amistades, nos sentimos verdaderamente felices y no nos importó para nada las vicisitudes pasadas para poder contemplar esta efímera felicidad.

Ese mes transcurrió entre fiestas y paseos, unos días en la playa "conseguida", pues era para las vacaciones de Reinaldo y Olguita, dos seres muy queridos en el barrio, y admirados dentro de nuestro círculo familiar y de amistades, todos querían agasajarnos de alguna forma, o bien regalándonos un puerquito, o consiguiendo alguna cerveza, aunque fuera de la llamada "escoria"[14], invitándonos a sus casas o a algún restorán, cabaret, etc. Podemos decir que la pasamos muy bien, aunque siempre con la idea ensombrecedora de la cercana partida para completar la misión y así tener derecho al famoso 20% extra del salario, en dinero cubano, por supuesto, así como el derecho a optar por el carro (entiéndase carro soviético, Moskovich o Lada), que por ley y derecho me correspondía como médico internacionalista.

El viaje de regreso afortunadamente fue mucho mejor que los anteriores. Viajamos La Habana-Madrid en un DC-10 de Iberia, tamaña sorpresa, pues como no habíamos visto otro pensábamos que el avión anterior era lo máximo, error craso, no tanto por las atenciones del personal de la tripulación, sino por el confort que tenía, y las frecuentes comidas, acorde a los cambios de horario.

Esta vez sí pudimos bajarnos en el aeropuerto de Barajas y admirar, aunque desde lejos, este señor

---

[14] Escoria: cerveza que por sus condiciones de embotellamiento no reunía los requisitos para ser vendida a precio oficial, pero que se conseguía a nivel de población.

aeropuerto; ahí estuvimos por espacio de 1 o 2 horas, y continuamos viaje hacia Trípoli. Ya nos esperaban los ómnibus que nos trasladarían hacia nuestro destino. Cuando estábamos en el aeropuerto y procedíamos a abordar, se comunicaba por los altavoces el nombre de un médico compañero nuestro que no se había presentado para cuequear; después de varias llamadas, se presentó un carabinero ante nuestro jefe y le dijo: "No busquéis más a ese señor, pues ha pedido asilo en España", recuerdo su nombre y su figura pero por razones obvias no debo mencionarlo.

La sorpresa que tuvimos al llegar a la casa fue el cambio de jefatura de la brigada (hecho éste que esperábamos en cualquier momento) por otra que se ajustaba a los requerimientos de la Misión y de los responsables de Cuba-Técnica, quizás para darnos un poco de temor, pero "El hombre que es temido por muchos, a muchos ha de temer", (Platón).

Ese año transcurrió sin mayores incidentes, salvo los ya conocidos, que se repetían sin creatividad.

Para comenzar este pequeño relato considero necesario mencionar esta frase que leí no recuerdo dónde: "Lo preocupante no es la Perversidad de los malvados sino la Indiferencia de los buenos".

Estando mi esposa y yo trabajando en un dispensario como a 40 kilómetros del hospital, nos llegó un día un "saguat" ("chofer" en árabe) que necesitaba que fuéramos a darle una inyección a su mamá, que estaba postrada en cama; no podía llevarla hacia nosotros. Ni cortos ni perezosos accedimos a la petición por humanidad y por obligación de la profesión, acostumbrados a ese quehacer diario en que se han desenvuelto nuestras vidas, sabiendo que "nada se olvida más despacio que una ofensa, y nada más rápido que un favor", (Martin Luther King).

Al terminar los tres días de inyecciones indicadas, estuvimos como una semana sin ver al hijo de la señora, pero un buen día recibimos la sorpresa: nos llevó a su mamá, agradeció como solo los humildes saben hacerlo, y además le entregó a mi esposa como agradecimiento una grabadora pequeña marca Phillips, a pesar de que nosotros le habíamos hecho saber siempre que nuestro trabajo era gratuito. Tanto insistió que la tomamos; tuvimos que esconderla todo el trayecto hasta la casa, y al llegar, se lo comunicamos a Aralia, que era la jefa de la casa y gran amiga. Nos aconsejó que no dijéramos nada, ya que según los estatutos de la Misión Internacionalista todo obsequio que recibiéramos, por pequeño que fuera, teníamos que comunicarlo a la Embajada: ellos decidían si podíamos quedarnos con el obsequio o no.

Hasta ahí, todo bien, pero sucedió un hecho que no hubiera ocurrido si hubiéramos pensado en

111

Confucio: "Estudia el pasado si quieres pronosticar el futuro". Como sabrán, en el cuarto de al lado de la casa vivía un técnico de laboratorio con los mil defectos: bebedor, chismoso, etc., pero incluso conociendo tales defectos le mostramos el regalo y no pronosticamos el posible futuro. Inmediatamente (creo que no habían transcurrido ni 10 minutos) ya lo estaba informando al jefe de la brigada y al secretario general del Partido Comunista; nosotros no pertenecíamos al mismo, y no imaginábamos que a nuestras espaldas se estaba cocinando la traición.

Como a los 15 días, una noche tocaron a la puerta del cuarto y nos encontramos a un personero de la Embajada Cubana, que nos estaba reclamando el equipo en nombre de la misión. Eso nos sirvió de experiencia, que no es más que el nombre que todos dan a sus propios errores. Como han podido apreciar lo planteado por Dickens, el número de malhechores, no autoriza el crimen. Pues bien, al comunicarnos esta decisión le planteamos que la llevaríamos al jefe en unos momentos, tiempo suficiente para inhabilitarla completamente: le rompimos el cabezal, el transformador lo conectamos a la corriente 220 v (siendo de 110 v), rompimos las bocinas y algo más que no recuerdo, nada visible a simple vista.

Así fueron, son y serán las cosas en el sistema; sorprendidos, ¿no? Como dato curioso de lo que sería nuestro último año (año que terminó siendo de 17

112

meses), a la jefatura de la Misión se le ocurrió organizar y llevar a cabo una Jornada Científica en la Brigada, y me tocó el honor académico de haber sido elegido como su organizador. Un profesor de Santiago de Cuba de alrededor de 67 años de edad y yo tuvimos que luchar contra la inoperancia y la estrechez mental de nuestros dirigentes, y volvió a surgir el adagio que dice que cuando la ignorancia se manifiesta, la inteligencia se retira; digo esto pues los requerimientos y las trabas que nos pusieron fueron múltiples. Desde el punto de vista, según ellos, de principios, se podían presentar los trabajos científicos pero sin mencionar ninguna dificultad inherente a nuestro sistema de salud, que, recuerden, los cubanos nos creíamos el ombligo del mundo, y además pudimos darnos perfecta cuenta de que nuestra misión y estancia en ese país, y creo que en todos aquellos donde había personal de la salud cubano, cumplía la doble función de asistencia y de punta de lanza como propaganda del sistema. Tuve que mandar a pedir a Cuba, a un amigo del Instituto Cubano del Libro, los diplomas acreditativos de asistencia y de los premios que se otorgarían, teniendo en cuenta, claro está, la calidad del trabajo (otro gran reto), y mediante nuestra amistad con el personal médico y de dirección del hospital no cubanos, pudimos obtener muchas de las cosas necesarias para lograr este hermoso y casi inalcanzable objetivo, elementos como papel, el mimeógrafo, la máquina de escribir (recuerden que transcurría el año 1980). De nuevo vuelve a salir la sombra del cacique, donde todo esto se pudo resolver por esa condición, y aún conservo parte de ese material, afortunadamente.

Recibimos multitud de reconocimientos no solo de la dirigencia cubana, sino también de la parte médica extranjera que trabajaba en el hospital: del "moraca" (algo así como el alcalde), del "mudir" (más o menos como un jefe superior), y por supuesto, del director del Hospital, que era un egipcio llamado Filemon, si mal no recuerdo. Hubo algunos regalos materiales, desde luego, autorizados por la Embajada y los jefes de Cuba-Técnica, como juegos de pluma y lapicero auténticos, agendas con nuestros nombres, etc. El resto del año continuó sin penas ni glorias, con el ahorro diario de todo lo que se podía ahorrar, para poder "pacotillear" entonces, con las reuniones mensuales de la brigada, donde se "bajaban" orientaciones o se llamaba capítulo a cualquier actividad o actitud que fuera considerada incorrecta a los ojos de la jefatura tanto política como administrativa. Contando los días de la semana hasta la llegada del viernes (*holiday* de los musulmanes) para la ida a Trípoli y poder recorrer los establecimientos de venta tanto formales como informales a los cuales llamábamos "carretilla", o el "laberinto", donde podíamos encontrar cualquier equipo electrodoméstico de calidad, hasta una caja de muerto, todo ello a veces sobre el suelo de una gran extensión de un solar yermo donde colocaban la mercancía y desde lejos pregonaban los precios; nosotros regateábamos, es decir: nos ofertaban 4 dinares por un artículo cualquiera y nosotros entonces proponíamos 2, 3 dinares, o lo que pensáramos, y así entonces se terminaba la transacción, nosotros con el artículo y el vendedor con su dinero.

Como no hay cosa más cierta que un día sucede a otro, llegó al fin el día de la partida definitiva, claro que no fue cuando nos prometieron según el tiempo de estancia en ese lugar, es decir que debiera haber sido para finales del año 1981, y no sucedió sino hasta mediados del 82, pues como ya mencioné teníamos que esperar que el relevo llegara de Cuba; sería uno por uno, o sea una enfermera por otra, un médico por otro, etc.

La odisea del regreso no fue tormentosa, pues de Trípoli viajamos hacia Madrid y de ahí hacia La Habana, en vuelo directo, a bordo de un Boeing de la línea Iberia, en el cual, como la primera vez, la atención fue esmerada. Llegamos a nuestra Tierra dejando atrás aquella horrible pesadilla, algo pasaditos de copas, un buen día del mes de abril o de mayo (no me es posible recordar bien).

Todos los familiares y amigos estaban en el aeropuerto José Martí esperando con ansiedad, deseosos de abrazarnos, de darnos todas las muestras de cariño que usualmente se describen en situaciones similares.

Después de un mes de vacaciones, nos reincorporamos a nuestra vida laboral y social. Como era de esperar fue agradable el hecho de volver a lidiar con todas las vicisitudes y alegrías que entraña un trabajo como el nuestro, pues no es feliz el que hace lo quiere, sino el quiere lo que hace.

CAPÍTULO VI
De regreso a la Patria

Podemos decir "de regreso a la Patria", porque Patria es donde vive el corazón, frase que le he oído decir en varias ocasiones a amigos y conocidos, a quienes les debemos el más profundo respeto y reconocimiento, aquellos que llegaron antes que nosotros a este país que nos abrió los brazos y nos acogió con benevolencia, respeto y sinceridad, por razones que quizás algún día saldrán a la luz.

Hasta hoy sigo pensando que fue más que nada por humanidad y solidaridad con el dolor de nuestros antecesores, sin importar si ese exilio fuese económico, político, religioso o social; me refiero al bien llamado "exilio histórico"; a quienes todos los que hoy gozamos de ventajas y de la tranquilidad de vivir aquí, en libertad, independientemente de los trabajos, vicisitudes y circunstancias en que hoy nos encontramos. Tenemos (y no digo "debemos"), tenemos la obligación de agradecer con todo el corazón a todos ellos, no solo nosotros sino también nuestros hijos, nietos, biznietos y por qué no también nuestros tataranietos; eso es lo que he inculcado a mis hijos, y lo que ellos este exilio trasmitió a su descendencia, y que de una forma u otra han ayudado a vivir sin que necesariamente sea perfecta es una de las más cercanas a la sociedad perfecta.

De ahí también puede traspolarse el título de nuestro trabajo, pues muchos de ellos fueron verdaderos caciques en su tierra, y por circunstancias del destino que ellos mismos escogieron, quizás dejaron de serlo para convertirse en indios, pero siempre con una meta trazada, la del bienestar no ya solo de ellos sino también el de sus hijos y familia, donde sí iban a tener oportunidad; como me dijo un día un gran amigo, que hoy felizmente todavía vive, y en este país, "No olvides que los Estados Unidos es el país de las oportunidades donde cada meta no es más que un punto de partida".

Como en la vida cada historia tiene un final, pero en la vida cada final es solo un comienzo, comenzamos de nuevo casi a partir de cero, tratando de continuar los estudios y el trabajo final de grado (Tesis de Grado), que habíamos dejado inconcluso: otro de los precios que tuve que pagar por la mentira y la poca seriedad de nuestros dirigentes, pues no pude examinarme, como era el plan, en abril de 1981, ya que los Tribunales Estatales de Examen para Especialista de 1er. Grado se constituían dos veces al año: abril y octubre.

Por descontado daba el hecho de que no podía ya examinar en abril, pero además el tiempo que tenía para terminar el trabajo y prepararme para el susodicho examen era muy corto, de junio a octubre, así que no quedó otra que trabajar duro para presentarme en abril de 1982. Con el favor de Dios, pude hacerlo satisfactoriamente, sin que no estuviera este camino lleno de dificultades. Pero todo aquel que se detiene a recoger las piedras que le lanzan en su camino, no llega a su destino, y yo llegué.

Hice uso de mis facultades de cacique para conseguir las hojas necesarias para hacer el trabajo, y utilicé a no pocas amistades para poder obtener el material de fotografía (recuerden: era 1981), pues mi tesis necesitaba algunas, el papel carbón o para hacer copias que requerían al menos un original y tres copias (afortunadamente todavía conservo la original de esta tesis), pues no existía aún la fotocopiadora, y mucho menos ese invento del siglo: la computadora. Luego vino la encuadernación, posible también gracias a amistades de verdad, pues los verdaderos amigos son los que en las buenas acuden si son llamados, y en las malas vienen solitos.

Así las cosas, en la primavera de 1982, abril para ser más exactos, llegó al fin el momento del examen Final Estatal, al que todos temíamos, pues podía llegar a echar por la borda todo el esfuerzo y el sacrificio de años dedicados al estudio y al trabajo.

119

Mi tribunal estaba compuesto por 3 temidos profesores, escogidos de un *pool* Nacional de la Especialidad, y consistía en la rotación, durante una semana, por el hospital donde trabajaba el Secretario del Tribunal, para evaluar el desempeño frente a los pacientes de una sala determinada, en Salón de Operaciones, en las Consultas, y en las Guardias, donde nos daban el rol de Jefes de Guardia de ese día. Evaluaban así nuestro desenvolvimiento ante situaciones imprevistas que se presentaran en la tan dinámica y estresante espacialidad de Ginecología y Obstetricia. Al final de la semana, el Examen Teórico, ante los tres miembros y todos los que quisieran asistir a presenciarla, pues era un ejercicio público.

Era casi obligatorio que estuviera presente el Tutor de la Tesis de Grado, al igual que el Vice-Director Docente del hospital donde se formaba el Residente, y alguna delegación (léase, comisión de embullo), de nuestros compañeros del hospital.

Ahora bien, ¿cuál sería el problema?: "la Coba"[15]. Por suerte como mi esposa y yo sabíamos que este momento tenía que llegar, en el último año de la misión ella se encargó de ir preparando el

---

[15] Coba: terminología extraída del diccionario popular cubano que significa entre otras cosas: "atuendo", "ropa", "vestimenta".

atuendo adecuado para esta ocasión. ¡Ah!, pero no pensamos en la prenda indispensable: el traje. Habíamos traído camisas, medias, zapatos nuevos, pero se nos había olvidado el traje. Pues la solución estuvo en acudir a algún amigo que tuviera alguno presentable y que más o menos me sirviera, haciéndole, por supuesto, pocos arreglos; y así fue, gracias a Dios. Hasta ahí todo estaba resuelto, ahora quedaba única y exclusivamente mi parte.

Mi preparación teórica para esta prueba fue buena: estudiaba hasta altas horas de la noche en compañía de mis dos grandes amigos; uno de ellos se encuentra aquí en Miami y el otro, desafortunadamente, como ya mencioné en párrafos anteriores, falleció en la República de Haití mientras cumplía Misión Médica Internacionalista.

Como el triunfo es de los que se sacrifican, el fruto de todo este sacrificio fue obtener una buena nota y con ello el "Título de Especialista de 1er. Grado".

Cuando se menciona algo así como: *¡...ñooo, tremenda coba!*, es que la ropa que usamos en ese momento está bonita, adecuada, sea de buena calidad o no.

El llamado "Plan Fidel"

Una vez terminadas las penurias y los sacrificios que precedieron a la obtención del Título de Especialista de 1er. Grado, llegó la satisfacción del triunfo, pues al decir de nuestro Apóstol: "El triunfo es de los que se sacrifican", y este fue nuestro triunfo.

La alegría después del examen fue mayúscula entre nuestros verdaderos amigos y familiares (en especial mi padre, cuya alegría creo que fue la más intensa y verdadera, pues en gran medida el fue coprotagonista de esta meta alcanzada; le doy todo el mérito).

¿Y ahora qué? Pues ahora el "motivito", que, en realidad, fueron varios: uno en el hospital donde todos esperaban los resultados; otro en el propio hospital donde me examiné; otro en un Restaurant de lujo de La Habana donde los amigos se las ingeniaron para resolver la mesa y pagar los gastos; la más campechana y de barrio fue en casa de uno de mis compañeros, y el menú, bueno, ya lo saben: la ensaladita fría, las croqueticas "pega cielo" de "ave... (*rigua*)", y las botellas de bebida que fui acopiando durante este tiempo de los obsequios que le ofrecían las cacicas a su cacique, léase: Fundador, Felipe II, Napoleón, Habana Club, etc., sin faltar alguna que otra caja de cerveza (resuelta también sin saber cómo). Esa noche dormí como un lirón, no solo por los tragos y la alegría, sino también por la tranquilidad y la satisfacción del deber cumplido.

Después de ello tomé unas vacaciones para reponerme, y en mayo de 1982, volví a mi Hospital, ahora en calidad de Especialista, con todas las responsabilidades que esta condición traía consigo, y también con las mismas horas de trabajo, que ahora ascendían aproximadamente a 192-200 horas por mes. Además, el aumento de salario, que ascendía a la astronómica cantidad de $400 pesos cubanos, lo que equivaldría, en aquel momento, como a $10 o $15 dólares (claro, esto es para que mis buenos amigos lectores puedan entender, pues era privativo y condenable el solo hecho de pensar en la moneda del enemigo), y con eso tendríamos que resistir, pero como buen cacique, consideraba que era suficiente (¿qué otra cosa podía hacer?). Podía tomar decisiones y acomodarme a un trabajo que además de gustarme más que la carne de puerco, podía ejercer casi sin presión e ir resolviendo sin necesitar de algún jefe o superior.

Ahora bien, llegaba entonces la gran batalla por el carro, que por ley me correspondía, no el que yo quisiera sino el que el Ministerio de Salud Pública decidiera otorgarme (debía pagarlo, claro está). Hablo de "batalla" pues no era automático; teníamos que mover las relaciones dentro de nuestra esfera para que nos consideraran posibles destinatarios para uno de los automóviles que serían otorgados a nuestro hospital al grupo de Médicos Especialistas. Sobre todo, era condición *sine qua non* haber cumplido **satisfactoriamente** la Misión Internacionalista que nos habían encomendado.

En espera de ello y continuando con nuestros deberes diarios, se nos cita al Departamento Provincial de Salud Pública a una reunión de carácter obligatorio, convocada por el Director Provincial y el Secretario Provincial del Partido Comunista, entre otros.

Al informarnos de la misma pensamos que de ahí saldríamos con la famosa carta de otorgamiento del carro. Esto no estuvo del todo equivocado, pero como todo en este Sistema, venía convoyado[16] con la obligación de ir a cumplir otra misión, llamada eufemísticamente "Misión Nacionalista", que consistía en otra de las "brillantes" ideas del Compañero Fidel, la cual consistía en formar médicos en las montañas de Cuba. Los alumnos de sexto año tenían que cumplirla en cualquier hospital

---

[16] Convoyado: palabra cubanizada del inglés "convoy" que significa: "acompañamiento", "conjunto de efectos, de barcos", etc., que más bien indicaría que una medida siempre viene acompañada de otra, sea de nuestro agrado o no.

Municipal o de Montaña en cualquier lugar de Cuba, entiéndase desde la punta de Maisí hasta el Cabo de San Antonio. Para que no pudiéramos negarnos, ni plantear ningún obstáculo, se lo denominó entonces "Plan Fidel" o "Plan 5 años", pues inicialmente consistía en cumplir cinco años en lugar de ubicación para formar a esos futuros médicos.

Así las cosas, llego a Guantánamo en la primera quincena de enero de 1983. Como era previsible, no esperaban mi presencia y me pusieron a vivir junto con otro especialista, también de mi curso, en una "casa de visita" con relativas buenas condiciones.

Los días posteriores fueron de trámites administrativos, de nuevo caídos en las redes de la burocracia. Eso nos ocupó toda una semana. También aprovechamos algún que otro día para viajar, gracias a en plan de turistas, a la ciudad de Baracoa ("existencia del mar", en lengua indígena), la primera villa descubierta por Colón en sus viajes a América. Cuenta la historia que en ese lugar el Almirante exclamó: "Esta es la tierra más hermosa que ojos humanos hayan visto", y doy fe de ello pues sus paisajes, ríos y entorno verdaderamente eran dignos de un paisaje costumbrista. Esta villa fue fundada el 15 de agosto de 1511. Por supuesto, punto y aparte merece la mención esa obra de ingeniería majestuosa: la carretera que une la Ciudad de Guantánamo con Baracoa, llamada desde su inauguración "Viaducto

La Farola". Su construcción finalizó en 1965, habiendo comenzado su construcción antes de 1959. De no ser por esta carretera solo se podía llegar allí en avión o en barco. Baracoa se encuentra a 450 metros sobre el nivel del mar y está mucho más cerca de Haití que de Guantánamo o de Santiago de Cuba.

Así fue como comenzamos nuestro peregrinaje por esa ciudad, empezando a trabajar en el hospital "Agostino Neto", de reciente construcción y que fue oficialmente inaugurado por Fidel en 1985, aunque ya se encontraba en funciones desde mucho antes.

Ahí pues obtuve la categoría de Docente de Profesor-Instructor de la Cátedra de Ginecología y Obstetricia, posición compartida con las labores de asistencia inherentes a mi posición. Fue un trabajo que siempre me encantó, en el cual me sentí verdaderamente realizado, enormemente feliz; me hacía olvidar la lejanía de mi hogar y de mis seres queridos en la Ciudad de La Habana, a casi mil kilómetros de mi nueva ubicación.

Para endulzarnos un poco con esta "misión nacionalista", se nos ofrecían algunas condiciones favorables, como por ejemplo, aparte de las vacaciones programadas de 30 días por año de trabajo, se nos ofrecía vacaciones de una semana cada tres meses con disfrute de salario, la promesa de otorgarnos una vivienda para la familia, etc. También llegó entonces la entrega del famoso automóvil, un flamante Moskovich, de fabricación rusa, sobre el cual se tejieron múltiples chistes como ese de "creyente", que los rusos habían hecho ese carro con un machete y un martillo, lo que me convertía de hecho en un "creyente", al decir de mis compañeros, pues "creía que tenía un carro".

A la sazón, cuando habían transcurrido casi seis meses, se nos otorgó un apartamento, que por supuesto era solamente por el tiempo que trabajara en la Provincia; se encontraba en un edificio construido por microbrigadas para los obreros del Poligráfico; creo que su nombre era "Juan Marínelo", una industria del papel y todo lo concerniente a esas labores.

A mí me correspondió en el cuarto piso; no había ascensor. Nos lo amueblaron con los enseres que existían en aquel momento en la Provincia, y entonces me dispuse a traer mi familia conmigo.

Volviendo al eje central de nuestra narración, debo decir que quizás en todo este tiempo fue cuando realmente me convertí en un verdadero cacique, en parte gracias a la especialidad que practicaba, en la cual es sabido que todos tenemos en nuestro *environment* una mujer: entiéndase una madre, una esposa, una hija, una cuñada, una abuela, en fin, una mujer a retortero (en buen cubano). Aprendí también que no hay nada que una madre, una hija o una esposa le pida a su esposo, padre o hijo, que éste no trate de resolver.

Hecha esta aclaración diremos además que no todas las especialidades se comportaban igual; así pues, había "caciques y caciques", dependiendo también del carisma o de la forma de actuar de cada uno de nosotros, pues uno de mis profesores más queridos me dijo una vez que a las pacientes les interesa más un "médico bueno" que "un buen médico" (entendieron el mensaje ¿verdad?), máxime cuando se trabaja con seres tan sensibles como las mujeres. Además, el ginecólogo era el individuo capaz de lograr la bendición más grande que Dios pudo otorgarle a la mujer: "la maternidad", tanto durante todo su embarazo como en el parto. También nos veían como el médico, el hombre que podía ser capaz de entenderlas, hechos estos que son privativos del ginecólogo, y gracias a Dios he sabido durante esta larga, tortuosa, difícil, pero fructífera carrera, hacerme un buen cacique, sin alarde ni fanfarronería, no sin dejar de mencionar que no todo fueron triunfos, a sabiendas de que el fracaso es la experiencia que precede al triunfo. Muchas veces una pareja cualquiera aun sin tener lazos afectivos ni amistad pudimos comprender que: quizás para al mundo eres alguien, pero para alguien eres todo su mundo.

Durante estos largos cinco años desempeñé varias posiciones, todas relacionadas más que nada con la docencia: responsable del departamento docente, de la comisión científica de la provincia, vicedirector del departamento metodológico de la Facultad de Medicina, todo esto compartido con mis obligaciones asistenciales como consultas, guardias (cada 3 o 4 días) y atender a los internos del famoso plan del médico de montaña, ya mencionado anteriormente, acudiendo a sus lugares de trabajo todos los meses, entiéndase los trece municipios en que estaba dividida la provincia Guantánamo en aquel entonces.

Esa experiencia fue muy favorable en mi formación tanto profesional como personal, pues pude ver cómo vivían, y los trabajos no solo de esos muchachos de 6to. Año de la carrera, sino también de los habitantes de aquellos parajes a veces inhóspitos, como la Escondida de Monte Ruth, Palenque, Maisí, Yateras, etc.; también pude palpar y sufrir en carne propia una medida que a mi entender era discriminatoria, al no poder entrar libremente al pueblo de Caimanera, donde está enclavada la Base Naval de Guantánamo; a la entrada de la única carretera de acceso existía una "garita", donde usted tenía que parar y enseñar un "pase" que era otorgado en la delegación del ministerio del interior de la provincia, no solo aquellos que viajaban en auto sino que también los ómnibus públicos debían detenerse y todos los pasajeros tenían que apearse y enseñar la consabida autorización. Claro que para nosotros no existía ese requisito, pues nos habían dado un "pase permanente", que una vez terminada nuestra labor debíamos entregar en la Facultad de Medicina.

Digo que me sirvió de mucho dado el contacto, pueblo a pueblo, con esos campesinos humildes, muchos de los cuales no tenían la menor instrucción, pero sí una educación e inteligencia natural que a veces asombraba; y, sobre todo, gente de una bondad sin límites, siempre dispuesta a ayudar no solo a nosotros, que estábamos tan lejos de nuestros hogares, sino también a todos sus vecinos y pobladores del lugar.

Desde el punto de vista del cacique no había nada que en mis viajes periódicos yo solicitara o necesitara que no hicieran lo imposible por conseguirme, como café, malanga, carne de puerco, algún par de zapatos, una camisa que se estuviera ofreciendo en la Tienda del Pueblo, etc. En Caimanera siempre regresaba a la casa con los mejores y más frescos pescados que se pudieran obtener.

Como ya mencioné, mi esposa y mi hijo varón viajaron a su nueva ubicación, pues el tiempo prometido eran 5 años, y decidimos entonces que la familia, como unidad estructural y funcional de una sociedad, debía permanecer unida. Llegaron ellos y más tarde también la suegra; déjenme decirles que ya en ese entonces podía hacer uso de algunos de los poderes que poseía, pues todo el viaje que hicieron desde La Habana hasta Guantánamo fue en avión, sin costo alguno, algo resuelto por diferentes vías.

Así las cosas, con el favor de Dios, mi esposa se embarazó de nuestra segunda hija, y ya entonces pudo estar con nosotros bajo un certificado médico por condiciones de un embarazo de riesgo. De esta manera no perdía su vínculo laboral en la Maternidad Obrera de Mariano, donde trabajaba.

Mi hijo varón tenía entonces seis años y comenzó la escuela, pero por inadaptación al medio no pudo continuar con sus clases. Decidimos entonces que volviera a La Habana con su abuela y demás familiares a continuar sus estudios en su antigua escuela, con sus antiguos amiguitos. Su madre entonces viajaba con frecuencia a La Habana, la mayoría de las veces en avión, y otras en carro, en el famoso y nunca bien ponderado Moskovich; el viaje le tomaba entre 12 y 14 horas. Vale destacar que algún que otro amigo o familiar siempre iba de La Habana a Guantánamo para que yo no manejara todo el trayecto solo, y de la gasolina, ni hablar, pues como cacique, siempre que informaba a mis amistades del plan de viajar por carretera, me ofrecían bonos de gasolina suficientes para ir, regresar y utilizar el carro todo el tiempo que estuviera en la casa.

Como dato curioso diremos que en todos esos viajes en carro, el pobrecito Moskovich parecía una rastra o un furgón, pues iba cargado con todo lo imaginable: café, carne, ron, frijoles, malanga etc., etc., etc., cualquier cosa que puedan imaginar iba ahí, con algunos tropiezos, claro está, en los puntos de control de todas las provincias; siempre había uno a la entrada y otro a la salida. Gracias al Señor no tuvimos grandes dificultades en esas excursiones que asimilábamos con carácter deportivo, con el convencimiento de que sería algo transitorio.

Como indiqué en párrafos precedentes, con todos los hombres, sin importar la posición ni el trabajo que estuvieran realizando en aquellos momentos, y debido muchas veces a esa condición de jefes, pude hacer las mejores relaciones humanas, y también con sus compañeras; así podía resolver todos mis problemas sin mayores dificultades, desde comida, ropa, zapatos, piezas para el carro, invitaciones a fiestas y lugares de diversión muchas veces vedados al resto de la población, hasta los viajes en avión o en cualquier otro medio de transporte que yo deseara. En fin, creo que mi condición de "cacique" llegó a su máxima expresión en esos 5 años que tuve que trabajar en esa Provincia.

Además vale destacar que este período, de 1982 a 1987, podemos considerar (a mi criterio personal) fue favorable para mi desenvolvimiento como cacique, pues todo parecía indicar (error), que la situación en Cuba estaba cambiando, ya que se habilitaron algunas tiendas en todas las provincias, llamadas "mercado paralelo", donde se podía obtener muchos enseres que no estaban normados por la libreta de abastecimiento ni de ropa; así, por ejemplo, se habilitó la antigua Sears de La Habana, en la calle Reina, donde se podían comprar muchos productos comestibles de consumo diario. Por supuesto que todo fue una quimera, como nos demostró ese implacable juez: el Tiempo.

También me ayudaron un poco las condiciones favorables en que me desenvolví. Fui designado para la tutoría de los residentes extranjeros que habían mandado para allí a obtener su título de especialista: había un panameño, un tanzano, y no recuerdo, en estos momentos, de qué otras nacionalidades.

Así, con ese bagaje positivo, habiendo ganado mucha experiencia tanto desde el punto de vista profesional como personal, llegó al fin el plazo de los 5 años establecidos, y mi regreso a la Ciudad de La Habana, a continuar la lucha, con nuevos retos, sin olvidar jamás que cada meta es un punto de partida, y sin que me abandonara nunca este proverbio árabe que dice: "Quien se detiene a recoger las piedras que le lanzan en su camino, no llega a su destino".

En el verano de 1987 ya me encontraba viviendo de nuevo en mi hogar, en La Habana, habiendo sido ubicado en el Hospital Julio Trigo (antiguo Sanatorio "La Esperanza"); fue grande mi sorpresa, pues ese era entonces un hospital general sin servicio de Ginecología-Obstetricia.

No pude personarme inmediatamente pues se me presentó una hepatitis viral que adquirí en Guantánamo, y que fue diagnosticada y tratada por un gran amigo y compañero de curso, una persona muy íntegra: el Dr. René Salvador de la Caridad Zamora, que aún se encentra en Cuba, y que tuvo la osadía de haber contraído matrimonio por la Iglesia Católica cuando estábamos en segundo año de la carrera. Esta dolencia conllevó una laparoscopia con biopsia; el resultado: una Hepatitis A en período de estado. Respiré tranquilo entonces, pues cualquiera sabía qué tipo de hepatitis había traído desde esas tierras orientales.

Terminé mi período de convalecencia y recuperación, y me citaron para la Provincia de Salud Pública, donde se me despejó la duda de mi ubicación. Se trataba de un proyecto (o más bien, otra locura) del comandante, de convertir el Pabellón Lebredo, donde otrora estaban hospitalizados los pacientes de tuberculosis y donde se les practicaba tratamiento quirúrgico a quienes lo requerían, (por suerte para mí he podido conocer a un cirujano, aquí en Miami, que trabajó allí y me contó muchas de sus anécdotas).

La decisión de la construcción de este gigante de la medicina moderna nace en el discurso pronunciado por Fidel Castro en la inauguración y remodelación del hospital General "Julio Trigo"; durante su discurso expresa, mirando a sus espaldas (y pensamos que visualizando el pabellón Lebredo donde se encontraba a la sazón el Instituto de Desarrollo de la Salud): "En el área del Lebredo, donde estas edificaciones estuvieron dedicadas a la lucha contra la tuberculosis, se va a establecer un servicio materno de más de 400 camas", y continúa: "Vamos a combinar el hospital materno con este clínico-quirúrgico, pues tiene excelentes servicios generales, y resulta imposible llevarlos también a un materno". Este hospital venía a cubrir un vacío en un municipio de casi 180 000 personas que tenían que ir a otros municipios a recibir estos servicios. Arroyo Naranjo tiene ahora un gran hospital clínico-quirúrgico, y unos meses después tendría el servicio de maternidad más el pediátrico, (El legendario Hospital Infantil "Ángel Arturo Aballi"), más la facultad de medicina, que será la séptima en la capital del país.

135

Continúa diciendo que en un período de dieciséis meses estaría el servicio de maternidad o estaría remodelado el "Lebredo", ni un día después, pues eso estaba dentro del programa de 1987-1988, y en estos programas de salud no se admiten dilaciones ni de un mes, un día, una hora, un minuto, o un segundo (palabras textuales tomadas del discurso pronunciado por Fidel Castro en el acto de inauguración del Hospital Julio Trigo, el 5 de septiembre de 1987). Abraham Lincoln expresó en una ocasión: "La demagogia es la capacidad de vestir las ideas menores con palabras mayores"; se aplica, ¿verdad? Quien tenga alguna noción de bio-estadística podrá valorar lo mencionado anteriormente con respecto a la relación paciente/cama de hospitalización.

Lo primero fue encargarme la tarea de ser como el "inversionista" (no sé si es la terminología correcta) en la remodelación de ese pabellón-hospital, trabajando junto a ingenieros, arquitectos y una brigada de constructores, para convertirlo en la Maternidad más grande de Cuba y la primera hecha por la Revolución, que constaría con 420 camas y con todos los servicios: el equipamiento más moderno existente en aquel entonces, como cuatro salas de Ginecología, cuatro de Obstetricia, cuatro de Puerperio (Post-partum), una sala de Cuidados Perinatales (algo así como una sala de cuidados intensivos ante parto), cinco salones de parto, y cuatro salones de operaciones de cirugía ginecológica y cesáreas, además de un servicio de aborto, laparoscopía, ultrasonido, Rayos X, un servicio de Neonatología, que por su equipamiento era algo "fuera de serie".

Esa fue mi titánica labor, llegando a dar ciertas las palabras de Napoleón I: "La batalla más difícil la tengo todos los días conmigo mismo". ¿Y por qué traigo esto colación? Pues en mi condición de no militante del partido, tuve que enfrentar algunas dificultades para tratar de poner en marcha lo que creía debía hacer, y cumplir con cabalidad la tarea que me asignaron. Sabía que tenía la capacidad, si bien no de hacerlo completamente, bien al menos tenía la voluntad de intentarlo, pues sentía esa obligación conmigo mismo, y sabía que para triunfar es necesario, más que nada, tener sentido común, y yo pensaba que lo tenía, además de que quizás mi forma de actuar con honradez, honestidad y sinceridad me allanaron el camino hacia un triunfo del cual me siento hoy orgulloso de haber logrado, algo así como el nacimiento de un hijo deseado: ese era mi otro hijo, lo sentí además como mi logro, pese a que hoy, a casi veinte años, siento que las lágrimas derramadas son amargas (aunque más amargas son las que no se derraman), pues todo se fue por la borda.

Esta construcción me trajo no menos problemas personales, inclusive en el hogar, pues me absorbía casi las 24 horas del día, además que mientras dormía, soñaba con el trabajo. Andaba para arriba y para abajo con unos rollos de planos, papeles, documentos, órdenes, reuniones; en fin, hoy considero que fue aterrador.

Además, por supuesto, los interminables trabajos "voluntarios" (también llamados productivos), de todo el personal del hospital general Julio Trigo, al cual pertenecíamos: las movilizaciones casi diarias de obreros, estudiantes, amas de casa: todo un ejército de hombres, mujeres y a veces hasta los pioneros, haciendo cualquier trabajo que les indicaran y que pudieran en su condición de no obrero de la construcción, para poder terminar según el cronograma establecido a mediados del año 1989, muchas veces haciendo que los constructores trabajaran de noche y fines de semana.

Junto a esto me enviaron al Hospital Gineco-Obstetrico "Ramón Gonzales Coro", antigua Clínica Sagrado Corazón, en el Vedado, Habana, para ir tomando experiencia en los vericuetos de la dirección de un hospital como el que se estaba gestando, al tiempo que tomaba consejos de profesores y amigos de mayor experiencia en el trabajo, para ir conformando, desde el punto de vista constructivo y de organización, una visión objetiva y funcional, para que realmente fuera un verdadero hospital y no un almacén de enfermos. De lo que sí tuve necesidad imperiosa y obligatoria fue de la ayuda de los neonatólogos en la creación de este Servicio que tenía, como se imaginarán, características muy propias y difíciles, tanto en su distribución orgánica como del equipamiento que fuera necesitando.

En honor a la verdad, contamos con el apoyo de la dirección de insumos médicos, de equipos de la provincia y del ministerio de Salud Pública, que hicieron posible que se equiparan todos los Servicios antes mencionados (pienso ahora que no había otra), con todo lo último en tecnología con que se contaba en aquel entonces.

Era entonces momento de pensar cómo llamaríamos al "niño" pronto a nacer: ¿el nombre de algún héroe, mártir de la Revolución; de nuestras guerras de independencia; de alguna personalidad ilustre, sea de la medicina como de otro campo?

Tras mucho pensar y evaluar los dirigentes, se decidió llevar a consideración del Organismo Superior el nombre que ostentaba antes de la remodelación: "Dr. Joaquín García Lebredo", ya que se consideró que tenía méritos suficientes para ello, dada su condición de Médico ilustre y sus aportes positivos y científicos a las ciencias del siglo XIX.

139

Así, después de tantas penurias y sinsabores comparables con los de una embarazada portadora de un embarazo de riesgo, empero altamente deseado y planificado, en presentación pelviana (de nalgas), llegó el momento del trabajo de parto: ¿cesárea?, ¿parto eutócico?, ¿parto con fórceps?, en fin, no se podía vislumbrar.

Un buen día de finales de abril de 1989, se nos informa que había que comenzar con la fase de "puesta en marcha" (término médico-administrativo utilizado para los comienzos funcionales de una institución de salud cualquiera: sería como un ensayo preliminar). La protesta del entonces naciente consejo de dirección del hospital no se hizo esperar, pues no se estaba en condiciones siquiera de arrancar con el trabajo del cuerpo de guardia (emergencias), pero la respuesta fue tajante y directa: hay que comenzar ya.

Más tarde nos enteramos de que era porque se le había informado al Comandante que para finales de mayo de ese año se podría contar con los servicios de ese monstruo de la Gineco-Obstetricia moderna (de aquel entonces), para bienestar de la población del Municipio Arroyo Naranjo, en la Ciudad de La Habana, y un poco para el exterior, ofreciendo una vez más la visión de Potencia Médica Mundial; sería en esos momentos, pienso yo, como la joya de la Corona.

140

Ya comentado este entorno se procedió entonces a poner en funciones esta flamante (sin exageración) institución de salud, que contaba con lo mejor en cuanto a materiales utilizados, así como con la preocupación de todos y cada uno de nosotros, quienes tuvimos alguna responsabilidad en el confort que tendrían nuestros pacientes, no importaba cuál fuera su procedencia, ya fuera de barrios llamados marginales o no: simplemente eran mujeres y recién nacidos que tenían la oportunidad de disfrutar de lo mejor, para que su estancia en el hospital no fuera un castigo ni que les despertara el deseo de salir huyendo lo más rápido posible. Teníamos la obligación moral y el deber social de hacérselo realidad, y no queríamos dar fe a lo planteado por Esculapio a su hijo: "El mundo te parecerá un almacén de enfermos, un vasto hospital, una asamblea de individuos que se quejan".

Creíamos además que una de nuestras obligaciones era hacer más confortable su estancia para que en conjunto, con su curación desde el punto de vista científico-médico, también se sintieran felices por el trato recibido, y un entorno agradable que ayudara a su pronta recuperación, ya que somos una unidad indisoluble bio-psico-social.

Pasemos ahora a describir de la mejor y más entendible forma posible lo que **fue** este majestuoso hospital, comparable quizás con cuentos de hadas o con fantasías de cualquier mundo mágico (créanme, no estoy exagerando); cualquiera que haya tenido la oportunidad de poder ver y conocer esta institución dará fe de ello, hecho que nos regocija pues "el futuro nunca va a ser dominado por aquellos que están atrapados en el pasado", y todos aquellos que de una forma u otra colaboraron en este empeño llegamos a pensar, dentro de nuestras posibilidades (y equivocadamente), que podíamos no estar atrapados en el pasado.

Así como el pesimista se queja del viento, el optimista espera que cambie; y el realista ajusta las velas. Tratamos de ajustar las velas más que de preocuparnos de que cambiara el viento, nos preparamos a vivir con satisfacción esta nueva etapa en una casa nueva, con todas las condiciones que pensábamos podía tener una buena casa.

Comenzaré describiendo la edificación a grandes rasgos para no atormentarlos con descripciones rimbombantes, con el simple objetivo de dar rienda suelta a su fecunda imaginación, y de que puedan abstraerse y entender lo que era esta edificación, y así poder compararla, entonces, con lo que quedó de ella.

La edificación tuvo, desde siempre, cinco pisos, y uno más pequeño en lo que sería la azotea. El primer piso estuvo destinado a los servicios externos, entiéndase: Cuerpo de Guardia (emergencias);

Departamento de Admisión y Archivo; Departamento de Ultrasonido (con un equipo sofisticado para ese entonces); el Servicio de Abortos y Laparoscopía diagnóstica y procedimientos. Oficinas de la Administración, Dirección; Trabajo Social; Salón de Conferencias; Pizarra telefónica y sus instalaciones con el sistema de audio interno; la cocina y el comedor de los obreros. Existían también dos ascensores: uno de servicios y el otro para pacientes y personal. Vale destacar que las paredes eran de mármol, llamado por los entendidos "mármol Holguín", que era de una tremenda calidad. En este piso también se encontraba el llamado "banco de oxígeno", que funcionaba de aula para las clases teóricas y a su vez de local para la entrega de guardia diaria.

La puerta principal de entrada siguió siendo la misma, es decir, no se le hizo modificación alguna, y se buscaron los llavines originales que guardaban desde su construcción en 1936, siguiendo para ello los lineamientos de mapas de la época. Las ventanas eran grandes ventanales de cristal en tablillas de cristal y marquetería de aluminio. En fin, todo el material utilizado en su construcción se puede decir que era de primera (recuerden que estamos hablando del año 1989).

El segundo piso, que podríamos considerar como el corazón del hospital, contaba con la sala de

Cuidados Perinatales (con cuatro cubículos de un solo paciente cada uno), con un monitor fetal y equipos de resucitación cada uno, así como los gases medicinales que venían por las paredes y el techo; es decir que podíamos afirmar que estábamos en presencia de un hospital de verdad, y no de un *Mickey Mouse*, como dijéramos en este Miami jocoso y simpático. Además, decía anteriormente, se podía considerar este piso como el corazón del hospital, pues también estaban ubicados los salones de parto y preparto, con todo lo imaginable posible para un buen desenvolvimiento de este tan importante acontecer en la vida de una sociedad: el nacimiento de un nuevo ser.

A continuación, hacia el ala izquierda, estaban los salones de operación (cuatro en total), de los cuales solamente empezamos con tres, y se nos informó que posteriormente se instalaría el restante (cuando abandoné el hospital en 1993, todavía no estaba en funciones, cosas del sistema ¿no creen?), al igual que los salones de parto estaban equipados con todo lo último en tecnología para las operaciones ginecológicas y las cesáreas, y para esto construimos un pasillo donde el recién nacido llegaba a la sala de neonatología sin salir de estas instalaciones. Hablando de este último servicio, mencioné en párrafos anteriores cuán vistoso, bien construido y equipado estaba este departamento; junto con el personal médico y de enfermería se lograron muy buenas estadísticas en la supervivencia y la reducción de la mortalidad perinatal, sobre todo en los prematuros y en los bajo peso al nacer.

También, hacia el ala derecha, se encontraba el laboratorio clínico y el banco de sangre, que al igual que el resto de las instalaciones contaba con un material humano y de trabajo de primera línea, comparable con cualquier otro hospital de Gineco-Obstetricia.

En el tercer piso se decidió establecer el Servicio de Puerperio (post-parto). En relación con la cantidad de camas con que contábamos pudimos dotar de confort a estas cuatro salas, sin hacinamiento ni molestias de espacio, con una o a lo sumo dos camas por habitación, con muebles cómodos para las acompañantes; cada cama tenía un panel conectado a la estación de enfermería por medio de intercomunicadores, un teléfono para cada paciente, lámparas de cabecera, mesas individuales, además de un sistema de luces que cuando se accionaba se encendía en la puerta una luz que, de acuerdo a su color, la enfermera, médico o cualquier otro personal sabría a que correspondía esa llamada lumínica. Todos los cubículos contaban con cortinas de la más alta calidad, elaboradas con un diseño llamado entonces Tel-Arte; las paredes estaban decoradas con reproducciones de cuadros de pintores famosos: Degas, Víctor Manuel, Picasso, Van Goethe, y otros.

Completaba este grupo de medidas de bienestar, música indirecta en los pasillos y en cada cuarto, con melodías apropiadas, que funcionaba hasta las nueve de la noche, hora en que las pacientes debían ir a dormir.

Teníamos además un cubículo en cada sala que contaba con una sola cama y un baño propio para el paciente y su acompañante (esto no fue del agrado de los dirigentes), pero no había otra opción, salvo cerrarlo y no ponerlo en funciones.

Constaba este piso, al igual que los otros dos restantes, de una estación de enfermería central, dos cuartos de reconocimiento y procederes, un pantry-comedor donde se distribuían las tres comidas del día, y un pequeño espacio que funcionaba como comedor cuando la paciente decidía ir a ese lugar a degustar sus alimentos.

Teníamos también dos locales destinados a oficinas del Jefe de Servicio y a la jefa de enfermería del piso. Este piso contaba además con un local para la biblioteca.

El cuarto piso fue elegido para hospitalizar a aquellas embarazadas que presentaran cualquier eventualidad que meritara su hospitalización.

Su distribución era la misma que en las salas de puerperio recién mencionadas, con algunas pequeñas diferencias en el cuarto de reconocimiento y procederes, donde teníamos solamente lo adecuado para las gestantes.

En el quinto piso se ubicó entonces el Servicio de Ginecología con tres salas de Ginecología general: una para patología de mama y oncología ginecológica; otra para pacientes de preoperatorio; otra para ginecología general, donde se ingresaban a todas las demás pacientes; la última sala fue hecha para pacientes de Sepsis Ginecológica, y cualquier otra paciente que requiriera algún pequeño proceder considerado como séptico; era, si se quiere, un servicio aislado y con los requisitos necesarios para estos menesteres.

El último piso fue destinado al llamado "internado", local en el cual los médicos y estudiantes podían entregarse a la lectura, estudio y, cuando se podía, era el lugar de descanso del personal de guardia del día. Contaba por supuesto con una farmacia, un local para esterilización del material, un almacén de medicamentos e insumos.

Fuera del edificio se construyó una edificación que era algo revolucionario desde el punto de vista médico: una cámara de oxietileno (creo que era algo como eso, pues mi memoria con el tiempo se fue enturbiando), para esterilizar material que no podía ser tratado por los métodos convencionales de esterilización (esto servía a todo el hospital, y a algunos otros de la zona).

Considero que sería bueno destacar el entorno, pues existía un parque sembrado de árboles, con bancos de parque tradicionales; se procuró, acorde a planos de la época, dejarlo tal y como estaba en aquel entonces: era algo bello, un detalle agradable.

Quisiera me disculparan si me extendí en esta disquisición arquitectónica y descriptiva. Pienso que fue necesario para que pudieran tener una idea de lo que fue y de lo que es en estos momentos. Les pido que tomen un minuto de su tiempo y lo comparen con estas fotos del Hospital Gineco-Obstétrico "Lebredo" tomadas recientemente.

Vista de la entrada principal del lado este de la edificación.

Lo que fuera la entrada hacia el cuerpo de guardia (Emergencias) y otras dependencias del primer piso

Vista de la zona oeste de la edificación

Vista de lo que fuera el bloque central del Pabellón Lebredo, remodelado y convertido en el hospital Materno-Infantil Lebredo en mayo del 1989

Era por este tiempo cuando la condición de cacique se vio, quizás, en su máxima expresión, pues podía influir inclusive en la contratación del personal de enfermería, médico y de servicios.

Ya para este entonces habían nominado a un futuro director, que para mi alegría fue un gran amigo y compañero nuestro, con quien además trabajamos juntos por muchos años en la Maternidad Obrera, junto a otro que compartió conmigo la responsabilidad de su ejecución. Podemos decir, sin temor a equivocarnos, que en toda la construcción, como en aquellos que al principio allí trabajaron, estaba la mano del cacique y del incipiente consejo de dirección.

Todo iba muy bien, con tropiezos por supuesto, pero marchaba como deseábamos, hasta que con el tiempo se comenzaron a notar los defectos de construcción, sobre todo en cuanto al sistema de drenaje del edificio. Hubo situaciones de obstrucción, y falta de agua que en ocasiones casi se hacía crítica, pero también comenzaron las dificultades en cuanto a tratar de dirigir ingenuamente el hospital desde mi posición, sin ser parte del grupo político, lo que me ponía en clara desventaja.

Así las cosas, en el año 1991 tocó fondo, ya que *la herida causada por una lanza puede curar, pero la causada por la lengua, es incurable.* Me vi entonces en la necesidad de buscar una salida elegante y evitar de esa forma una caída y una situación seria; esta salida fue aconsejada por personas que me apreciaban de veras: me aconsejaron que saliera a cumplir otra misión internacionalista, que fuera a un país donde esta misión me significara desarrollo personal; podría crecer desde el punto de vista profesional. Entre otras cosas, podría continuar desarrollando el idioma inglés, y a su vez sería posible conseguir material (entiéndase "pacotilla").

También podría servirme quizás para ordenar un poco todas mis ideas y poder planificar mejor mis pasos futuros, siendo consecuente con las palabras de Winston Churchill: "Si el presente trata de juzgar el pasado, perderá el futuro". La persona encargada de

151

esta decisión era un gran amigo de muchos años. Me planteó la necesidad de partir hacia la República de Namibia, que recién había obtenido su libertad de la República Surafricana. Después de sopesar los pro y los contra accedí con la anuencia de mi familia: prefirieron nuevamente una separación (ésta por espacio de dos años) en aras del bienestar (esto, pienso hoy día, terminó de configurar mi pensamiento sobre el futuro bienestar mío y de toda mi familia, sobre todo de mis hijos), concordando con Confucio cuando mencionó que era más fácil apoderarse del comandante en jefe de un ejército que despejar a un miserable de su libertad.

Y me decido entonces a emprender este nuevo e incierto destino.

CAPÍTULO VII
Segunda Misión Internacionalista: República de Namibia

"¡Triste época la nuestra! Es más fácil desintegrar el átomo que un prejuicio" (Albert Einstein).

Mencioné en párrafos precedentes la razón por la que tomé la decisión de salir nuevamente del país, además sentía que mis días de cacique quizás estuvieran contados y que los de indio estaban en progresión ascendente; creía que había llegado el momento de entender que si para vencer había que poner en juego tu honestidad: **pierde**, serás siempre un **vencedor**.

Además, estoy plenamente consciente de que hay tres cosas que nunca regresan: el tiempo, las palabras y las oportunidades, y pienso que descubrí a tiempo que mis oportunidades de continuar siendo cacique en mi tribu, habían pasado.

Y nunca el huevo ha roto la piedra; ni el pez ha enderezado el anzuelo; ni el pájaro le ha disparado a la escopeta. Con esto quiero expresar quizás la necesidad casi obligada de salir a buscar otras tribus donde tendría que comenzar a luchar para erigirme en cacique nuevamente, si esto acaso era posible.

Con este escenario, comencé los trámites de la partida, empezando por la legalización de los títulos por parte de los departamentos jurídicos y del Ministerio de Salud Pública y una entrevista en el departamento de misión internacionalista para valorar el conocimiento del idioma inglés, condición casi obligatoria para poder trabajar en Namibia donde era el idioma oficial, junto con algunos dialectos y el afrikáans (idioma de los sudafricanos).

Antes de partir tuvimos que recibir el "módulo" de ropa que supuestamente era la apropiada (otro error) para el trabajo en ese nuevo destino. No hubo gran diferencia con la entregada en la misión anterior, aunque sí mucho más reducida y de menor calidad.

En el otoño de 1991 se conformó la mini-brigada que se incorporaría a la avanzada que había llegado a ese país en 1990, recién obtenida su libertad de Suráfrica. La componíamos una Internista, un pediatra (que abandonó la misión en la capital, sin haber llegado a su ubicación definitiva), un anestesiólogo y yo, como ginecólogo.

El viaje se hizo en un avión ruso que era a su vez de pasajeros y de carga. Salió de La Habana e hizo escala técnica en Gardner, Canadá, donde nos dieron un ticket para poder tomar solamente una Coca-Cola en la cafetería del aeropuerto mientras esperábamos la partida. De ahí salimos hacia Frankfurt, Alemania, para abordar entonces una nave formidable de la línea Lufthansa, (creo, si mi memoria no me traiciona, era un Boeing 747), que haría el trayecto de 13 horas sin escala hasta el aeropuerto de Windhoek, capital de Namibia.

Comenzamos entonces una etapa en la que al cacique, por circunstancias ajenas a mi voluntad y las bajas pasiones de algunos, lo dejaron atrás, y comenzó nuevamente como Indio, pero como mi querida más fiel fue la esperanza, que me suele engañar pero no me deja, renace con más fuerzas el deseo de triunfar, pues vale más un minuto de pie que una vida de rodillas.

Al llegar a mi nuevo destino, los integrantes de la jefatura de la misión y de la embajada cubana estaban presentes en el aeropuerto. Me tocó llegar al "albergue" temporal en el carro del jefe de la misión, un urólogo, gran persona que por añadidura era hermano de un gran amigo y colega con quien trabajábamos en la Maternidad Obrera; si mal no recuerdo su nombre era Pedro Martí Álvarez, digo "era" pues falleció en un trágico accidente en ese país.

Al llegar y como todos piensan que los cubanos, donde quiera que lleguemos, lo hacemos con hambre, nos tenían preparado un tremendo festín con comida y bebida sin límites; a diferencia del que habíamos tenido en Libia, este sí fue con una exageración de bebidas alcohólicas de todo tipo.

Nos ubicaron después en un edificio, a modo de hotel, donde teníamos un cuarto para cada uno de nosotros (con muy buenas condiciones) a la espera de la distribución que a posteriori se realizaría por los mandos de la misión: en la capital no era posible quedarme pues no cumplía con los requerimientos necesarios, (¿entienden, verdad?).

Durante la estancia en ese lugar comprendí lo que era realmente el respeto a nuestra condición de profesionales: el desayuno, almuerzo y cena eran en una especie de restaurant donde se comía a la "carta", no como en Cuba donde había un cuento que decía que en mi casa se comía a la carta si se tiraban las cartas y el que sacara el as, ese era el que comía (ríanse, si desean).

Era un tiempo que podíamos catalogar de "vacaciones", pues al levantarnos temprano en la mañana salíamos a caminar. El pediatra (que se quedó en Sudáfrica, y luego por una carta que recibí de él, me enteré de que había ido a parar a Suiza; lejos, ¿no creen?), el anestesiólogo y yo, después del desayuno nos dedicábamos a conocer esa bellísima ciudad; cualquier descripción que hiciera de ella no sería lo suficientemente descriptiva: se distinguía por su limpieza, por la conservación de sus jardines, etc. Unas veces también íbamos con el responsable de la brigada que trabajaba allí en su carro a conocer otros parajes más alejados del edificio, sin contar que todos los fines de semana siempre había alguna fiesta a la que asistir, invitados por los nativos, casi todos profesionales y personas, pudiéramos decir, con buena posición económica, que podía permitirse el lujo de esas actividades.

Podríamos decir que el domingo era casi un día muerto, pues era el día en que casi todos los habitantes acudían a los servicios religiosos, preferiblemente luteranos o protestantes, y algunas iglesias católicas, que dicho sea de paso las que visitamos a modo de curiosidad en esa capital eran verdaderas obras de arte arquitectónico con una belleza impactante.

Una de esas noches en que nos encontrábamos conversando reunidos en la sala de estar, tomando cerveza y fumando (los que deseaban), nos llama el jefe de la misión y nos informa que a la mañana siguiente partiríamos hacia nuestro nuevo destino, que sería el Onandjokwe Lutheran Hospital en la región de Ondawa, al norte del país, casi a media distancia entre Oshakati (donde en aquel momento se concentraba el grueso de la brigada médica), y la capital, a alrededor de 300 km. de ésta.

Pedro Álvarez (como ya dije anteriormente era el hermano de un gran compañero y amigo mío con el que trabajábamos juntos en el hospital de maternidad obrera de Marianao) me comentó, en confidencia, que la decisión de enviarme a ese hospital había sido tomada entre el embajador, el Obispo de la zona donde estaba ubicado este hospital de la iglesia, los organismos políticos (no podían faltar), y por supuesto él, como jefe de toda la misión, después de analizar mi *curriculum*, pues su intención hasta ese momento había sido dejarme en la capital.

Iríamos un anestesiólogo (que ya trabajaba en Oshakati), un miembro de la brigada de constructores cubanos, un namibio que era integrante del gobierno local y yo. Quizás un poco como premio y deferencia de Pedro (el jefe de la misión), me envió en ese viaje pues íbamos a estar entre 1 o 2 días en un centro turístico llamado Estosha Pan, o Estosha Park, hospedados en una de esas cabañitas para disfrute de los turistas. Me ubiqué en una con el anestesiólogo y en la otra se ubicaron el constructor y el namibio.

Fue una muy linda experiencia donde estuvimos en contacto con la belleza natural y casi salvaje del lugar, pudiendo ver, entre otras cosas, cómo los animales iban a saciar su sed a una laguna en medio del parque al caer la tarde; ahí pudimos ver sin rejas el comportamiento de los leones, de los tigres, de algunos elefantes y de otras bestias, pues nuestra cabaña estaba muy cerca del lugar. El resto consistía en comer en el restaurante del parque y tomar luego cerveza en la habitación. Al otro día continuamos viaje después del desayuno hacia nuestro lugar de destino, donde me esperaban los otros tres miembros de la brigada que al final fue conformada por cinco médicos, un técnico de Radiología y un licenciado en Farmacia.

Me ubicaron entonces en un cuarto en la "casa grande", que tenía cuatro habitaciones, pues además había dos casas independientes que eran ocupadas por Román, el técnico de Rx, y la Dra. María Emilia, que fungía como jefe de brigada.

Al otro día, en la mañana, nos presentaron a todo el personal dirigente del hospital, o sea al director, un namibio cirujano muy pero muy bien preparado técnica y profesionalmente (había estudiado en Sudáfrica durante la dominación, enviado allá por la Iglesia), además también conocí a un ser extraordinario desde el punto de vista profesional y, sobre todo, de persona; puedo decir sin temor a equivocarme que era el ser humano de mayor calidad que he podido toparme en este peregrinaje de tantos años. Era ginecólogo al igual que yo; llevaba a la sazón como 20 años trabajando en aquel inhóspito lugar junto a su esposa, que era estomatóloga. Eran de los llamados misioneros de la iglesia Luterana, y dominaba perfectamente el idioma de los locales (un

159

idioma que, como entenderán, era tribal, un dialecto, si la memoria no me falla como suele suceder, a ese idioma se lo denominaba Ochivarongo, o algo así, que no se parecía en nada, "óigase" bien: en nada al inglés, ni mucho menos al español); también hablaba perfectamente el inglés, el afrikáans (idioma de los sudafricanos que tenían que dominar por obligación, pues todo se comunicaba en ese idioma: escuelas, hospitales, dependencias públicas etc., hasta la separación, donde el idioma oficial adoptado fue el inglés, pero eso no fue obstáculo para que se manejaran los dos idiomas "oficiales", y más que oficiales, "el idioma de la calle", "del pueblo", por decirlo de alguna manera).

Como muestra de urbanidad, respeto y de buena educación, me llevó a su hogar (que estaba dentro del hospital) a presentarme a su esposa y ofrecerme toda ayuda que pudiera necesitar, pues según su decir, él sabía lo que era estar lejos de su hogar y de los suyos.

Tomado bajo su tutela y dirección hicimos un tour por todo el hospital: la sala de preparto/parto, el salón de operaciones, las salas de Ginecología y la de Obstetricia, el O.P.D. (*Out Patient Department*), la emergencia o el cuerpo de guardia de nuestra especialidad, que formaba parte de todo el departamento, y también la consulta externa para seguimiento y atención a las pacientes que no representaran emergencias.

Me mostró, además, las salas de Cirugía General, las de Medicina Interna, la de Pediatría, y una salita habilitada como U.C.I. (Unidad de Cuidados Intensivos).

Fuimos también al departamento de Radiología/Ultrasonido, a la Dirección (con todos sus departamentos administrativos), a la oficina de la matrona (era como la jefa suprema, no solamente de enfermería, sino que también era como una vicedirectora del hospital donde intervenía en todos los asuntos del mismo; después me explicó este doctor, cuyo nombre era Veli Peka Jaskelaine (nombre finlandés, de donde provenía), que esa estructura era inglesa-alemana-nórdica, la asimilada en la conducción del hospital), mantenimiento, el comedor de empleados y un comedorcito que se habilitó solamente para nosotros, para no tener que utilizar el comedor general, además como deferencia y respeto hacia nuestra condición de médicos y profesionales. Y por supuesto, la iglesia, que estaba en el medio del perímetro hospitalario: casi era obligación asistir a la misa dominical, incluidos los pacientes que pudieran asistir.

Ya les he descrito, con la mayor exactitud que mi maltratada memoria me ha permitido, la estructura arquitectónica y el entorno de mi nuevo templo de trabajo y dedicación, donde me asaltó una mezcla de temor y algo de desconfianza ante el nuevo reto, que

161

les diré, no fue fácil vencer, pero el que nada arriesga, nada teme, y no debemos confiarnos al mar si le tenemos miedo a los vientos, y así fue, creo que vencí, pues lo peor que puede encontrarse una dificultad en su camino, es a un cubano, pues siempre las vence (sin eufemismo).

Como ya mencioné anteriormente, las relación entre Veli Peka y yo era formidable, como si fuera la de dos amigos que se conocían desde la infancia; así pues, la distribución del trabajo hospitalario me la dejó a mí, pero como era de esperar, por sobre todas las cosas, por respeto y admiración hacia su persona, le planteé que él hiciera la distribución. Si estaba de acuerdo me ocuparía de la sala de Ginecología, de las intervenciones quirúrgicas, tanto ginecológicas como obstétricas, de los Ultrasonidos y de los procedimientos especiales como histerosal-pingografía, inserción y retirada de D.I.U.C. (dispositivos intrauterinos contraceptivos), legrados diagnósticos y terapéuticos, etc., y él se encargaría de la sala de Obstetricia, partos/prepartos, salvo, por supuesto, cuando estuviéramos *on call* (de guardia), que sería casi a diario, pues solamente éramos dos para trabajar.

Hecho este viaje de exploración por todas las instalaciones del hospital, pasemos ahora a describir, sin exageración, el equipamiento que ya en 1991, en medio del África, nos encontramos, sin imaginarnos siquiera todo lo que veríamos allí.

Empecemos entonces por los salones de operaciones: eran tres, perfectamente equipados con toda la modernidad existente en ese entonces, desde las camas de operaciones, los gases medicinales, hasta los equipos de anestesia, con todo el material desechable que fuera posible; no había casi ningún material (salvo el instrumental quirúrgico, por supuesto), que se esterilizara para su reuso, como estábamos acostumbrados en nuestra práctica. El local de las taquillas, una de mujeres y la otra de hombres, era de una limpieza impecable y un orden increíble.

Existía además, en el área del salón de operaciones, un lugar destinado a descanso y recreación del personal del salón, donde a las diez de mañana, hora del té (costumbre inglesa, supe después) se llevaba una bandeja con té, leche, chocolate, todo tipo de golosinas para acompañar la bebida, y si esa hora nos tomaba trabajando, al terminar la operación nos brindábamos ese refrigerio.

La limpieza y la esterilización de los salones era formidable, con decirles que en mi estancia allí, las infecciones post-operatorias e intrahospitalarias (adquiridas durante la permanencia en el hospital) fueron muy reducidas.

Punto y aparte para hacer mención de la organización en el trabajo: si usted anunciaba un paciente cualquiera para las 4 de la tarde, podía ir sin temor a esa hora que ya el paciente estaba acostado con el campo operatorio preparado, y la enfermera que fungía como asistente lo estaba esperando, y usted nada más tenía que entrar a operar, no importaba si era de mañana, de tarde, de noche o de madrugada.

Ahora bien, quiero decirles que se trabajaba como "mulos", considerando además que vivíamos dentro del perímetro hospitalario, y en mi caso específicamente, solamente éramos dos, hecho que ya mencioné. Nos ayudábamos unos a otros en medicina, en cirugía, en fin, en todo lo que fuera necesario ayudar. Se trabajaba en armonía (quizás porque éramos pocos y estábamos alejados de los jefes).

Mi condición de cacique aquí tampoco se vio muy afectada toda vez que trabajaba conmigo la "reina", esposa del Rey de Ovamboland, cuyo poder era casi infinito. Tenía voz y voto en toda la vida, entiéndase bien: en toda la vida de esa sociedad, y era, si mal no recuerdo, mantenida con una subversión del Estado, además del tributo que tenían que ofrecer los habitantes de su reino.

Como iba diciendo, ella era la jefa de mi sala (nominalmente, por supuesto), y un buen día me dijo: "¿Por qué no van a nuestra aldea un sábado para conversar con el Rey y compartir con nosotros?". Así lo hicimos, y nos enviaron un guía para que nos llevara. Fuimos María Emilia, la jefa de la brigada, el anestesiólogo, el técnico de Rayos X, y yo. No pudo asistir el cirujano, pues estaba de guardia.

No quisiera agobiarlos con todas las anécdotas allí vividas, baste con decirles que cuando llegamos al "quimbo" (vivienda del Rey; diferente, claro está, a los "quimbos" de la población) y desde que nos bajamos de nuestro Land Rover, comenzamos con la algarabía que nos caracteriza e identifica como cubanos, y el chofer, el guía, y el personal namibio que allí se encontraba, se asombraron y no sabían qué hacer, llamando a la cordura a cada momento.

El Rey no hablaba más que su idioma natal, el Afrikáans y algo de inglés, pero a través de la Reina pudimos tener una animada conversación y socialización. Como a los 15 minutos de la visita, se me ocurrió preguntarle al Rey si allí no se bebía ni se comía nada como invitados. Entonces la Reina fiel tradujo nuestras palabras literalmente, y no pasó ni media hora cuando ya teníamos cerveza fría, whiskey, ginebra y cualquier cantidad de bebida que pudiéramos imaginar en aquel lugar. Pero el festín no paró ahí, sino que nos habían preparado un lechón

165

asado, un carnero y carne de res, con lo cual podríamos haber estado comiendo una semana.

No quiero dejar pasar la oportunidad de mencionar este hecho que nos dio, tal vez, el verdadero valor que teníamos para ellos. Cuando cualquier natural iba a entrar al quimbo, lo hacía caminando de rodillas desde la puerta hasta colocarse frente al Rey, dejaba su mensaje y se esfumaba (término muy adecuado pues al terminar no lo veíamos más). Y como esa tengo mil anécdotas más y situaciones que bien podría hacerlos pensar o que estoy exagerando o que esas situaciones no podían suceder en pleno siglo XX.

Terminada la actividad, el chofer, el guía y otro namibio que fue escogido para acompañarnos, nos dijeron: "Cubanos, ustedes están completamente locos".

Después de esta primera actividad se sucedieron muchas otras: el cumpleaños de alguno de nosotros, las fiestas que se celebraban en Cuba, sus fiestas patrias, Navidad, etc. Y, sobre todo, cuando alguno de nosotros apreciado por ellos salía de vacaciones o terminaba su misión, el fandango era por todo lo alto, a la par de un sinnúmero de obsequios que nos ofrecían para que lleváramos para nuestra familia en Cuba.

Tampoco, queridos amigos, estábamos ajenos a las fiestas y actividades de nuestra brigada más numerosa, que se encontraba en la cabecera de la región en Oshakati, donde acudíamos casi todos los días para compartir con nuestros compañeros, alquilar películas de video y despejar un poco el tedio y el aburrimiento que teníamos en nuestro querido Hospital Lutherano de Onandjkowe.

Al llegar, al fin, mis programadas vacaciones del año, los obsequios recibidos fueron muchos, junto con algún dinerito que regalaban los demás médicos de otras nacionalidades... con decirles que a la hora de chequear mi equipaje en el aeropuerto de Windhoek, si la memoria no me engaña, el peso fue de cerca de 70 u 80 kilogramos. El sobrepeso lo pagó la misión (en esa ocasión se portaron elegantemente). El itinerario fue Windhoek-Frankfurt-Luxemburgo-España-La Habana.

La familia nos estaba esperando en el aeropuerto Internacional José Martí de Rancho Boyeros, y para sorpresa nuestra nos estaban esperando funcionarios de Cuba-Técnica, quienes nos agilizaron los trámites aduaneros y lograron que no nos revisaran los equipajes. De esta forma la "pacotilla" llegó intacta, sana y salva a su destino.

¡Ah! Pero no olvidemos el hecho de que una vez en el recinto aeroportuario, nos retiraron los pasaportes inmediatamente después de pasar por la aduana cubana.

Este mes transcurrió entre fiestas, compras en la shopping con el dinero que nos dejaron legalmente traer con la tasa cambiaria del Rand (moneda oficial de Namibia), con el dólar americano (creo que en aquel entonces estaba a tres rands por un dólar), pero no podíamos manejar el dólar sino que teníamos que cambiarlo por una moneda llamada peso convertible, que afortunadamente estaba a la sazón, para los internacionalistas, a uno por uno; por supuesto que no se podía cambiar todo lo que pudiéramos haber obtenido con nuestro trabajo y los obsequios ya mencionados.

Además de la pacotilla que, procuramos, fuera de buena calidad, nos dedicamos entonces a hacer compras para toda la familia de lo más necesario en aquel entonces, y así transcurrió ese corto mes.

Detalle importante de ese mes: ya comenzaba a fraguar en mí el deseo de trabajar para mí y no para el gobierno; así lo comenté y discutí en el consejo de familia, y ya cuando subí al avión de regreso a terminar el tiempo prometido, tenía muy bien definido que al regreso no saldría más que a trabajar para mí y los míos, aunque eso equivaliera a un exilio "voluntario", con miras al abandono del país, por supuesto con toda mi familia, de una forma u otra.

El viaje de regreso hacia Namibia fue como sigue: La Habana-Madrid (Cubana de Aviación), Madrid-Frankfurt (en Iberia), Frankfurt–Johannesburgo (Air-Namibia), Johannesburgo–Windhoek (Air Namibia). No hubo contratiempo alguno ni nada sobresaliente que mencionar durante el trayecto, solo la buena atención recibida por el personal de las aerolíneas.

La llegada esta vez fue sin recibimiento; solamente estaba el personal médico de la brigada, que nos llevó hasta el hotelito donde estaba viviendo el resto de la misión (que ya describí en párrafos precedentes). Esos dos días que estuve hasta mi traslado hacia Onadjokwe, pensé en algo que leí no recuerdo dónde: "Cuanto más alto coloque el hombre su meta, más crecerá", e interioricé toda la verdad y vigencia que ello tenía y, creo, aún tiene.

Esta vez el viaje fue directo, el hospital había mandado un transporte para llevarnos de regreso.

El recibimiento en nuestro lugar de trabajo fue lo esperado: alegría, fandango, comida, tertulia hasta altas horas de la noche contando las anécdotas y vivencias de las recién disfrutadas vacaciones.

Este año fue similar al anterior, solo que con un poco más de trabajo, pues mi compañero ginecólogo contrajo una hepatitis viral y estuvo ausente como dos meses, por lo cual todo el trabajo recayó en mí, pues como ya saben no había otro. Además la dirección me consultó para la compra de un colposcopio de fibra óptica de primerísima calidad que finalmente se compró, y estuve trabajándolo hasta el final del tiempo.

Hubo fiestas casi todos los fines de semana, tanto las del pueblo, como invitaciones a bodas, bautizos, días especiales. Las visitas a los predios del Rey fueron más frecuentes.

Así, entre idas y venidas, nostalgias, tristezas, alegrías y sinsabores, ese inexorable juez, el Tiempo, fue pasando, y llegó al fin la hora de la partida definitiva.

Sin sensiblería barata les diré, amigos y pacientes lectores, que como todas las despedidas esta también fue triste, en ocasiones extremadamente triste, y asomaron a mis ojos lágrimas de agradecimiento para ese humilde pueblo, y de dolor por tener que dejarlo, pues me habían dado verdaderas muestras de cariño, amor, respeto, comprensión y fe, con decirles que en ocasión de una visita a la casa de un enfermero, en el medio de la jungla, leí en un cuadro que tenía colocado en la sala de su humilde hogar: "*If you have time to pray, God has time to listen*" ("Si tienes tiempo de rezar, Dios tiene tiempo de escucharte"); qué gran verdad, ¿no creen?

Otra de las manifestaciones de cariño fue que a más de un niño de la zona de Onandjokwe y sus alrededores le pusieron de nombre Cortés, pues como les era difícil pronunciar mi nombre utilizaban mi apellido para ponerlo de nombre a algún que otro niño que tuve la suerte de traer al mundo.

Esta vez los regalos que me ofrecieron fueron incontables, sin exageración; el personal del salón de operaciones me dedicó un servicio religioso con los cánticos propios de la Iglesia Luterana; dinero en efectivo de algunos de mis compañeros médicos de otras nacionalidades; llantos que querían arrancarme promesas de que volvería a ellos; pacotilla para toda la familia; artesanías, muchas de ellas hechas por sus propias manos, entre ellas un cuadro repujado en madera preciosa que el Rey ordenó hacer para mí por nativos de su tribu: representaba tres elefantes sobre un fondo que semejaba la selva africana.

Este cuadro, dicho sea de paso, me lo empaquetaron para que no tuviera dificultades en el largo viaje que me esperaba, y aun así llegó con una rajadura que más tarde, en La Habana, un amigo que era restaurador de obras de arte tuvo la gentileza de recomponerlo.

Fiestas, ¿para qué decirles?, desde que se enteraron de la partida todos los fines de semana eran verdaderos festines, a semejanza de los que vemos en las películas de emperadores romanos: puerco asado, carnero, venado, carne de res, pollo, pavo, viandas, arroz, frijoles negros (hechos por nuestros compañeros cubanos), y de bebida, sin exageración, cualquier tipo que se les pudiera ocurrir: whiskey, ginebra, vinos, ron, cerveza nacional y extranjera, una bebida tradicional que hoy desafortunadamente no recuerdo su nombre, en fin, nos sentíamos como si fuera un recibimiento a los reyes y guerreros que llegaran victoriosos después de largo tiempo en batalla.

En una noche de esas, entre trago y trago, me sentía verdaderamente triste y apesadumbrado. Una doctora namibia muy culta, que había estudiado en Gran Bretaña, me dijo: "Doctor, no se preocupe, que cuando brillan las estrellas, los luceros no iluminan". Esto quizás había sido motivado por simples comentarios expresados por algunos compañeros.

Otra despedida muy emotiva que recuerdo fue la que me ofreció el personal de la dirección del hospital, junto con enfermería, y las alumnas de la escuela de enfermería de las cuales había sido su profesor. Tenía que dejar ese lugar casi olvidado en medio del África con una mezcla de alegría, tristeza y dolor, pero el tiempo es un gran escultor y por supuesto todo pasa.

Llegó al fin el día de la partida hacia la capital, de ahí al aeropuerto y de allí hacia nuestra añorada familia. El tiempo transcurrido entre la partida y el propio viaje (de casi 24 horas) me hizo reflexionar una vez más que en ese tiempo había sido cacique, pero ganado por derecho propio, con mi trabajo, mi forma de actuar y de comportarme, de respetar a todos, aun a los que se consideraban mis enemigos, pues si es un deber respetar los derechos de los demás, es también un deber mantener los propios: eso fue lo que traté de hacer, y creo que, en parte ahí está el *quid* de mis victorias, que a veces fueron victorias pírricas.

El abordaje de la nave de Lufthansa que nos llevaría de Windhoek hacia Frankfurt no fue nada fácil, no por culpa de los empleados del aeropuerto o de la línea aérea, sino por nuestros propios compañeros, que trataron, entre otras cosas, de evitar que pudiera embarcar con todo mi equipaje, que dicho sea de paso, no era poco, pero gracias al Señor el personal del Hospital que nos llevó al aeropuerto absorbió el pago del sobrepeso. De Frankfurt fuimos a Luxemburgo (parece ser que no nos habían reservado el continuo hasta Madrid, directamente); en Luxemburgo nos enteramos de que tendríamos que cambiar de avión para continuar hacia Madrid, pero como por arte de magia nos encontramos en una nave viajando en primera clase, sin saber cómo había tenido lugar esa sorpresa. Tuvimos que esperar alrededor de ocho horas para tomar el vuelo de Iberia de Madrid a La Habana, vuelo que fue sin escalas.

Al llegar al aeropuerto José Martí, en La Habana, nos estaba esperando toda la familia que pudo asistir en la comisión de embullo, y como ya mencioné, cuando se trataba de un vuelo de internacionalistas, generalmente los trabajadores de la aduana se portaban como seres humanos y había muy pocas situaciones embarazosas, pero tuve que lamentar que me lanzaran el paquete en el que tenía la escultura antes descrita. Entonces fue cuando me percaté de la rotura, pero bueno, eso era poco cuando de compartir y de regresar con la familia se trata.

Como dejé entrever en párrafos precedentes, la idea de la partida definitiva iba tomando cada vez más fuerza y forma, pensando que la próxima vez que saliera del país sería para trabajar para mí, y procurar a mi familia un mejor futuro; ya en nuestra patria se hacía casi imposible. Y si había algo en mi mente que pudiera frenarme, leí una frase que me ayudó mucho en la decisión: "Patria es donde vive el corazón", porque quiero decirles que salir de la tierra que nos vio nacer y crecer con la seguridad de no volver a verla más, no es nada fácil. De ahí que admire más a aquellos que nos labraron el camino, y no solo aquí en los Estados Unidos, sino en cualquier lugar al que decidieran y pudieran emigrar. La emigración es difícil, créanme, es realmente difícil, y mucho más aquella en la cual se tiene la convicción de que no se volverá a ver a los amigos, a los familiares que quedaron, al barrio, la bodega, la barbería con los chismes del momento, las discusiones de pelota en cada esquina, las fiestas del vecindario que muchas veces se celebraban sin razón aparente, o acaso solo con el deseo de socializar y pasar un rato feliz y en armonía; dejar todo eso detrás es una tarea de titanes, y repito, la partida de hoy no es nada, pues tienen la certeza de que cuando lo deseen y puedan, podrán volver al menos a pasear, a ver a los familiares que quedaron, en fin: en algún momento pueden volver a vivir y, no como muchos que para vivir tienen que tener nostalgias, pues quien no siente nostalgia, es porque no ha vivido.

CAPÍTULO VIII
De nuevo en la Tierra.
Continuar la lucha

Después de las vacaciones correspondientes, me decido entonces a comenzar nuevamente en mi servicio de ginecología del hospital Lebredo, pero al llegar, como ya esperaba, se me informó que me habían removido de la jefatura del servicio, y además me encontré con la sorpresa de que el director era entonces un cirujano (aunque no lo crean, un cirujano dirigiendo la maternidad más grande de Cuba y una de las más grandes de América Latina), pero bueno, cosas del sistema, donde se valora mucho más la condición política que no la condición técnica-profesional para dirigir una tarea determinada.

Como nunca fui santo de la devoción de ese individuo ni de los organismos políticos que a la sazón dirigían el hospital, decido entonces, siguiendo los consejos de profesores más viejos y de más experiencia que yo, dejar de trabajar allí, pues de lo contrario me iba a buscar un wampintobarobolo[17], y como dijo en su momento Maquiavelo: "Quien tiene la fuerza, tiene la razón"; entonces me dediqué a buscar cómo salir de allí y comenzar a trabajar otra vez en la Maternidad que me había visto nacer, y de la cual tengo tantos buenos y tantos amargos recuerdos: Maternidad Obrera de Marianao, como bien se le conocía en toda La Habana (y quizás en toda Cuba) por sus años en actividad y sus logros a lo largo de todo ese tiempo de funcionamiento.

Debo confesarles que no fue nada fácil; como dijera un gran amigo mío, era más fácil tomar un trompo con la uña que me dieran la liberación y el traslado. No me dejé influir por las corrientes negativas (pero muy realistas) que esta situación entrañaba toda vez que tenía que lograr la liberación de mis funciones como profesor de la Facultad de Medicina de Julio Trigo y el traslado para la Facultad Finlay-Albarran, a la cual pertenece el hospital de maternidad.

Más tarde otra tarea de titanes, bien pudiera haber sido tarea para Océano, Ceo o Cronos: nada más y nada menos que la Dirección Provincial de Salud Pública accediera a mi liberación y posterior

---

[17] Wampintobarobolo: situación problemática, enredadora, molesta, a veces difícil de resolver, en fin: un problemón.

traslado no solo a otro hospital que hubiera podido escoger, si no que fuera para la Maternidad Eusebio Hernández (antigua Maternidad Obrera); en esa batalla jugó un papel trascendente y fundamental mi querido profesor y amigo, que en esos momentos ostentaba un cargo de suma importancia en el MINSAP (Ministerio de Salud Pública) en el área Materno- Infantil (por razones obvias, me reservo su nombre), pero al fin y al cabo, con la gracia de Dios, todos estos avatares se pudieron vencer, pues no debemos aventurarnos al mar si le tenemos miedo a los vientos; además nunca olvidaré esta sentencia de Epíteto: "No hay que tener miedo de la pobreza, ni del destierro, ni de la cárcel, ni de la muerte; de lo que hay que tener miedo es de nuestro propio miedo"; con esta filosofía trabajé pensando en la obtención de mi nueva meta.

Después de todos estos vaivenes un día logré presentarme en la dirección de la querida y siempre bien recordada Maternidad Obrera de Marianao, que tantas situaciones, unas agradables y otras no tanto, me vieron vivir: alegría por la mayoría de los empleados, médicos, enfermeras, en fin, todos los que recordaban cómo había sido y cómo me había comportado, y entonces sentí o mejor creí sentir el renacer del Cacique, como el Ave Fénix que renació de sus cenizas. Verán más adelante por qué menciono que "creí sentir", pues no fue nada fácil y hasta pensé que todo el cacicazgo logrado años atrás se iba cuesta abajo.

Al presentarme ante quien fungía entonces como director, con la intención de darme a conocer, tropecé con una muralla de desilusión y de futuras batallas y sinsabores. Lo primero que me dijo, con un tono prepotente y descompuesto, fue: *"Así que usted es Especialista de Segundo Grado* (en aquel momento se calculaba que solamente el 5 al 10 % de todos los especialistas de 1er. grado había logrado el escalón superior); *además también es Profesor Asistente, pues bien, aquí nada de eso le valdrá, y tendrá que comportarse como uno más de los médicos que aquí trabajan"*.

Mi respuesta fue tajante y no dejó lugar a dudas: "En ningún momento he creído ser diferente de los demás médicos o especialistas del Centro, pero usted comprenderá que esos logros alcanzados me hacen diferente de los demás". Eso parece que le cayó como una patada en el hígado, y más tarde comprendí el alcance de esas palabras. Me hizo la vida imposible en todos los sentidos, entiéndase bien en todos los sentidos, máxime cuando yo no estaba incluido en el selecto clan político que regía el trabajo de todos los cubanos en cualquier lugar que trabajaran.

Con el pasar del tiempo pude comprobar la sentencia de Tácito, quien decía que para quienes ambicionan el poder, no existe una vía media entre la cumbre y el precipicio, y tuve que acogerme a este proverbio árabe aprendido tiempo atrás: "Aunque los perros ladren, la caravana pasa".

Se deduce entonces que tuve que sortear un furioso vendaval para poder subsistir. Compañeros de curso, quienes me debían favores y a los cuales consideraba como verdaderos amigos y que en ese momento ocupaban puestos de dirección para hacerle el juego a ese señor, se ensañaron conmigo, con decirles que me pusieron a trabajar en el cuerpo de guardia, algo insólito para mi condición trabajar en la sala de partos todos los días. Tampoco quiero agobiarlos con esas situaciones estresantes. El objetivo de plantarme problemas era para poder hacerme talco (en buen cubano), pero cuando la ignorancia se manifiesta, la inteligencia se retira.

Así las cosas, como comprenderán, tuve que luchar a brazo partido para no perder mi condición de cacique, que con tanto esfuerzo creí haber logrado.

Toda esta animosidad llegó a su límite cuando al solicitar la liberación del hospital para iniciar los trámites de mi salida, que por supuesto era partir de visita hacia Nicaragua, nunca se mencionó que sería definitivo, pero aun así tuve que hacer de tripas, corazón (refranero popular cubano), y acudir a miles de amigos comunes y de personalidades, con influencia tanto política como en la especialidad, para que este personaje (del tipo de ser que degrada la especie humana) me diera la carta de liberación del hospital.

Ahora venía otra batalla: que llegara esta solicitud a la Dirección Provincial de Salud Pública, y que el Director de esa instancia la firmara y luego que fuera enviada al ministerio de Salud Pública para que el señor Ministro la firmara y diera el permiso obligatorio. Todo esto, escrito así, parece algo fácil, pero pudiera servir de inspiración para alguna historia de cualquier cómic. Debí molestar a varias personas que me ayudaron desinteresadamente y que, de esa forma, quizás consideraban que pagaban todos los favores que en algún momento les había hecho, a ellas o a cualquier otra persona que conocían, cuando podía hacer uso de mi condición de cacique.

Como no llegaba la visa desde Nicaragua (que un familiar que había partido antes de Cuba tenía que resolver; no lo había hecho adecuadamente, en el período de tiempo que debía haber sido; esta sería otra historia, para ser contada a posteriori), este director, con un calificativo que no se debe exponer, un buen día me retiró la "tarjeta" donde se marcaba la entrada y salida, y por supuesto se darán cuenta de que entonces me quedé sin trabajo. El motivo para que tomara esta medida fue que cuando uno tenía la liberación, automáticamente dejaba de trabajar por espacio de tres meses, pues se suponía que en ese tiempo yo había salido del país solamente por el tiempo que me autorizaba Cuba, 1 año, 11 meses y 29 días; luego de eso se me consideraba un asilado, un traidor, un disidente, en fin, cualquier denominación que se les ocurriera.

Mi condición cambia de facto al convertirme en un médico sin trabajo, y sin poder buscarme la vida de otra manera: primero, porque no sabía hacer otra cosa que no tuviera que ver con la medicina, segundo, porque el único empleador que había en el territorio nacional era el Estado, y dondequiera que fuera tenía que ir enviado por cualquier instancia superior; así funciona el sistema.

Entonces, ¿qué me quedaba para mantener a mi familia?, solamente vivir de la caridad de mis verdaderos amigos y familiares, que dicho sea de paso se portaron conmigo de una forma heroica, por darle algún calificativo.

No nos faltó comida para alimentarnos, no me faltó gasolina para mover el Tractovich[18], no quedé desnudo en la calle, en fin, viví y hasta quizás mejor

---

[18] Tractovich: manera muy sui generis de referirnos al Moskcovich (carro ruso que teníamos derecho a comprar por haber cumplido misión internacionalista), combinación de tractor y automóvil.

que cuando estaba trabajando solo con el hándicap en contra de que nada podía ofrecer a cambio, pero pese a ello pude ver a mis pacientes un día por las tardes en el cuerpo de guardia, en los días de guardia de mis amistades, y de cuando en cuando entrar a hacer alguna cesárea de algunas de mis pacientes.

Esto también causó "roncha" en esos mismos hijos de… que me habían llevado a eso, diciéndome en una ocasión que no podía entrar más en el hospital para atender a ninguna paciente. Entre ellos se encontraba un compañero de curso, quien me debía muchos favores, y que en aquel entonces fungía como sub-director facultativo, pero *cualquiera puede escapar para siempre de la justicia de los hombres, pero nunca se podrá escapar de la justicia divina*, y así fue que más tarde me enteré de que desafortunadamente había fallecido de un linfoma, y digo "desafortuna-damente" porque creo que nadie debe alegrarse del mal ajeno aun siendo esta persona su mayor enemigo.

Recuerdo ahora unas palabras de Mahatma Gandhi: "Perdonar es un signo de grandeza, y la venganza es una señal de bajeza", y así procedí, aunque sé que muchos no comparten mi actitud. Anécdotas curiosas en aquel período hubo muchas, pero mencionaré solo dos o tres para poder ilustrar entonces mi *modus vivendi*.

Mi hijo mayor ya en esos días comenzaba a conocer cómo se podía vivir en esa jungla de asfalto, y a través de él y de alguna de sus amistades me entero de que en la Lisa, uno de los municipios de Marianao, alguien estaba vendiendo Ron Cubano de marca Habana Club, Matusalén, Paticruzado, y otros de a dólar la botella, y pensamos que sería una buena inversión conseguir al menos 15 dólares e invertir en ese negocito.

Pues bien, así lo hicimos, y dio la gran casualidad que en esos tiempos llevaron ron a las bodegas para ofrecerlo por la libreta de abastecimiento, se podrán imaginar mi frustración, pero como siempre he dicho "Dios aprieta, pero no ahoga". Frente a mi casa vivía una señora muy buena, era una persona que me apreciaba mucho y de esas personas que vendían cualquier cosa que fuera vendible; me dijo: "Doctor, no se preocupe que yo le vendo esas botellas a 2 dólares". Y así fue, las vendió increíblemente en menos de una semana y cuando fui a darle parte de la venta, me dijo: "Me estás ofendiendo, Rey, no puedo hacerte eso, tú y tu familia han sido muy buenos conmigo y con todos en el barrio".

Después, a través de la suegra que conocía a una viejecita que hacía dulces "finos" en su casa para vender, ella me los daba a tres pesos cubanos y yo entonces tenía que venderlos en las cafeterías y en algunas casas particulares a cuatro pesos. Tenía dos de esas cafeterías fijas: una de unos primos míos, y la otra de una muchacha que era sobrina de un gran amigo mío a quien yo había traído al mundo años atrás. De esta manera, todas las semanas podía obtener de $50 a $100 pesos cubanos, y lo más bonito de ello era que muchas veces no habían podido vender la entrega anterior y así y todo me compraban la entrega actual; hechos como esos hacen que creamos más en el ser humano; no todo es tan malo como algunas veces creemos.

Como tercera y última anécdota, para no aburrirlos, les contaré que con mi carrito tuve que servir de chofer de alquiler a personas que llegaran a Cuba: tenía que esperarlos, atenderlos y servirles por una miseria, y soportar muchas veces los comentarios: "mira eso: un médico y profesor de la Universidad, siendo nuestro chofer". Como ustedes comprenderán mi ego y mi orgullo no me permitieron estar mucho tiempo en ese trajín, pues como decía mi difunto padre: "Se podrá ser pobre, pero con dignidad", además la dignidad de un hombre no tiene precio ni es negociable.

Finalmente, al cabo de tres meses de esta zozobra y malvivir, el familiar encargado de acabar de resolver la visa nicaragüense, me la hizo llegar desde Nicaragua, y así comenzamos a preparar mi viaje hacia otro destino incierto, pero lleno de esperanza, y aunque tengamos la evidencia de que hemos de vivir constantemente en la oscuridad y en las tinieblas, sin objeto y sin fin, no se puede perder la esperanza.

Un buen día de junio de 1996, después de haber luchado a brazo partido para la obtención de la tan ansiada y odiosa "tarjeta blanca" o permiso de salida, salgo de la Patria hacia nuevos horizontes. No les voy a ocultar que la partida fue precedida por muchas lágrimas de hombre, de varios días de profunda reflexión, donde al final triunfó la intención de ofrecerles a mis dos hijos un futuro de seguro mejor que el que pudieran haber tenido en Cuba, pues en esos momentos Nicaragua había salido de la dictadura del sandinismo y comenzaba otra era de democracia, donde era de esperar que hubiera más oportunidades y, sobre todo, libertad y tranquilidad de espíritu en un lugar en el que tendríamos lo que seríamos capaces de lograr con nuestros legítimo trabajo y esfuerzo.

Y digo que no fue nada fácil porque en aquellos momentos equivalía al abandono de todo lo propio, ya que una vez que saliera y reclamara a mi familia sabía que me sería muy pero muy difícil regresar a la tierra, aunque fuera para visitar a mis padres, amigos y familiares, pero el triunfo es de los que se sacrifican, como expresó nuestro Apóstol, y además solamente es intentando lo imposible como se realiza lo posible.

Tampoco quiero dejar de señalar que estaba invadido de temor a lo desconocido, pero quien no se arriesga, no cruza la mar, y lo único que tenía que perder eran las cadenas, y una vez que saliera de allí, las perdería.

Cuando pensaba en lo que dejaba detrás, con algo de tristeza, pensaba como una divisa que era "Patria estará lejana, pero no ausente del corazón".

Así, con todo eso en mi corazón y en mi mente, llego al aeropuerto José Martí de Rancho Boyeros, en La Habana, acompañado de una enorme comisión de embullo, deseándome todos lo mejor de lo mejor, siempre pensando que yo sería la avanzada de la felicidad del resto de mi familia.

CAPÍTULO IX
Nicaragua: nuevo destino, nueva vida

Antes de comenzar este nuevo episodio/capítulo de nuestra vida, pensando que sería ya lo último a lo que me vería sometido, debo comentar con ustedes una conversación que sostuve con mi hijo mayor (19 años de edad), días antes de partir, y quizás fue la chispa detonadora que me faltaba para dar el salto definitivo.

Conversando tranquilamente en los arrecifes del Hotel Tritón, en la llamada costa (segmento de playa casi de obligada asistencia para todos los vecinos de nuestro barrio), y tomando un ron cubano llamado Ronda (de no muy buena calidad, que digamos), le expuse nuestra decisión de la salida del país, que lo más probable sería que fuera definitiva, con la pérdida de todo lo que yo consideraba "privilegios", en mi equivocada concepción de cacique, y la considero errónea pues estas fueron más o menos sus palabras textuales: "Papá, ¿qué cacique eres?, si todo lo que podemos resolver y hemos resuelto durante todo este tiempo, no te das cuenta que fue todo de **<u>limosnas</u>**", ¿sabes por qué?, pues la gasolina que el pistero te da supuestamente fue producto de una actividad ilícita, pues esa gasolina no era de él".

Los bonos también de la gasolina (que así era como se nos ofrecía a quienes teníamos carros particulares en Cuba) que las amistades y pacientes me regalaban, eran también producto de una actividad si bien no ilícita, sí incorrecta, pues solo me correspondían 20 litros al mes, y sin embargo nunca había dejado de utilizar el carro.

La comida que también "resolvía" (acepción de un verbo que se hizo muy famoso entre los cubanos: "resolver" significaba ir obteniendo los productos de primera necesidad, día a día), era a cambio de mantenernos, tanto yo como mi esposa (enfermera como ya mencioné), a la espera de la llamada de esas personas que nos resolvían; parafraseando uno de los pasajes de los ya conocidos "Consejos de Esculapio": "Los ricos (entiéndase aquellos que te resolvían), te tratarán como un esclavo encargado de remediar sus excesos, harán que te despierten a toda prisa tan pronto sientan la menor inquietud, habrás de mostrar interés por los detalles más insignificantes de su existencia. No podrás ir al teatro, ni estar enfermo, tendrás que estar siempre listo para acudir tan pronto como te llame tu amo", por supuesto esto no es exactamente así, pero se ajusta muy bien a lo mencionado por mi hijo en la conversación.

189

"Además, mira viejo, como vives tan cerca del hospital, te llamarán cada vez que te necesiten y deberás acudir sin esperar remuneración, y además con una sonrisa de oreja a oreja. ¿Y qué tenemos?, nada: un carro que no es nuestro, pues a pesar de haberlo pagado en su totalidad, tenemos que entregarlo al salir del país, una casa hecha con tu esfuerzo y, por qué no, con tus propias manos, que para no perderla también tenemos que inventar, y así muchas situaciones más".

"Entonces, ¿dónde está el cacique?, creo que solamente has sido un esclavo, claro que un esclavo consciente y contento, pues disfrutas y disfrutabas al cien por ciento tu trabajo, de lo cual mi hermana, yo, mi madre y mis abuelos se sienten total y completamente orgullosos de ti, y conociéndote como te conocemos sabíamos que no podía ser de otra manera, pero te pregunto nuevamente: ¿qué tienes, que no sea la satisfacción de considerar haber hecho siempre lo correcto y adecuado, consecuente con tus principios de médico, y que sin preponértelo los seres humanos te tenían por un dios que aliviaba sus males y ahuyentaba de ellos el espanto y el dolor (Consejos de Esculapio)? Además, con sentirte complacido y pagado con una cara que sonríe porque ya no sufre, o con la dicha de una madre, con la paz de un moribundo a quien le ocultas la llegada de la muerte, por ello, entre otras razones, te hiciste médico, y, como te consideramos, un ser humano sensible, formidable y fuera de serie".

"¿Me entiendes ahora, burro? (así me dice cariñosamente mi hijo), que si fuiste cacique no hay dudas de ello, pero ¿a qué precio?, sé que aún te vas a considerar un cacique, porque en el sistema que vivimos, como dice el refrán: "En el país de los ciegos, el tuerto es el Rey", y me consta a mí y a todos los que te conocieron que fuiste Rey.

Comenzó así la larga travesía de un exiliado más, de un apestado, de un disidente, y a veces, un traidor según su nomenclatura, cuyo único objetivo era labrarme para mí y para mi familia un futuro más luminoso; pues no quería ser parte de estas palabras de nuestro Apóstol: "Todo aquel que al buey sin pena imita, buey torna a ser". Además siempre tuve la visión, y así traté de inculcarles a mis hijos que, sin fe en el futuro, por muy lejano e inalcanzable que nos pareciera este futuro, el hombre volvería al estado de las bestias, y por supuesto nunca quise volver al estado de las bestias, aunque el sistema se empeñara en que así fuera.

Así las cosas, ya me convertía para ellos en un exiliado en potencia, no un emigrante, pues el sistema sabia que más del 95% de los que salían de Cuba no volvería al término de su permiso, que para aquel entonces era de once meses y veintinueve días.

Antes de continuar, quisiera tomarme el atrevimiento, sin olvidar que Patria es donde vive el corazón, de hacer un ligero recorrido por las emigraciones que han sucedido desafortuna-damente a través de estos cincuenta y tres años, del régimen totalitario que nos impusieron casi sin darnos cuenta. En una ocasión le oí decir a un gran amigo de la casa, desgraciadamente ya fallecido: "Los pueblos tienen el gobernante que se merecen".

Debo aclarar que estos conceptos los he venido elaborando mediante conversaciones y lecturas que he tenido con cubanos de diferentes generaciones, y que a partir de 1959 empezaron a llegar a Estados Unidos por diferentes vías; gracias a muchos de ellos hemos podido, posteriormente, vivir en libertad, amparados y acogidos en este país; por ello la gratitud y el agradecimiento de todo cubano con un poquito de vergüenza y de sentido común, repito no importa la edad, ni el momento en que emigraron, le debemos a esa generación que peina canas (muchos de ellos ya no están entre nosotros), y considero que no hay palabras que sean capaces de demostrar nuestro eterno agradecimiento, y NO PODEMOS, lean bien: NO PODEMOS olvidarlos jamás, ni nosotros ni las generaciones futuras.

También trataré de mencionar no solo a la emigración de cubanos, sino de todos aquellos que por una razón u otra también tuvieron o decidieron dejarlo todo detrás para venir a luchar con honestidad y trabajo muy duro, para salir adelante. Sería muy pueril y banal pensar que el único sacrificio y el único dolor ha sido y es de nosotros, los cubanos.

Ahora creo oportuno recordar a muchos, y mostrar por primera vez estos versos de José Martí en su poema dramático "Abdala", pues creo que a pesar de ese implacable juez, el Tiempo, que todo lo trata de hacer olvidar.

El amor, madre a la Patria,

no es el amor ridículo a la tierra,

ni a la yerba que pisan nuestras plantas,

es el odio invencible a quien la oprime,

es el rencor eterno a quien la ataca.

Los invito a reflexionar un momento sobre estos versos, y verán entonces la vigencia que aún tienen, pese a haber sido escritos en el siglo XIX.

Antes de continuar esta exposición, quisiera tener su permiso para establecer una división, si se quiere, didáctica, de lo que considero como etapas del exilio cubano. El gobierno de Fidel Castro ha insistido en estos más de 50 largos años en etiquetarlo como exilio y no como emigración; he aquí las definiciones de una situación y otra que nos ofrece la Real Academia de la Lengua Española.

193

Exiliado(a) (del latín *exilium*): es la separación de una persona de la tierra en que vive, y puede ser voluntaria o forzada. / Abandono de su Patria, generalmente por motivos políticos y/o religiosos. / Persona que se refugia oficialmente o no en otro país por tener razones fundadas en el temor de ser perseguido por motivos políticos y/o religiosos, y que estando fuera de su Patria no puede regresar a ella por el mencionado temor o por existir prohibiciones de regresar al país del cual salió. / Es una forma de desarraigo, de destierro.

De ahí se desprende que no existen "exiliados" por razones económicas ni sociales. Es solamente una posibilidad "política", es, si se quiere, una condición creada desde hace mucho tiempo para proteger a todos aquellos que puedan padecer tortura, cárcel, y hasta la muerte por razones puramente políticas. Por acciones motivadas por sus ideas, creencias, y pensamientos que van en contra de un sistema político imperante cualquiera.

"No me dejes, mi Dios, inculpar de traición a los demás por no pensar igual que yo" (Mahatma Gandhi).

Refugiado(a): es aquel que a causa de guerras, revueltas o disidencias políticas se ve obligado a dejar su país y a establecerse en otro. (Es, podemos decir, una consecuencia de lo anterior, pero con un concepto más amplio, aunque nunca por razones económicas).

Emigrante: se dice de la persona que abandonó su lugar de origen, especialmente por razones económicas, para instalarse en otro./ Persona que se traslada de un país a otro generalmente con fines laborales, concepto extendido a comunidades o personas que se trasladan dentro de un mismo país.

"Cuando los pueblos emigran, los gobernantes sobran", frase atribuida a la Sra. Margaret Thatcher, ex Primer Ministro del Reino Unido.

Esto sería correcto desde el punto de vista de definición, pero para nosotros los cubanos adquiere un matiz diferente, pues en Cuba, para el sistema imperante, el desear ser un **emigrante** y no un exiliado (pues no entramos en este concepto) es convertirse automáticamente en un **"exiliado"**, ya que según sus reglas nadie puede emigrar de Cuba sin que sea un disidente o un apátrida, o un desafecto al régimen; curioso ¿verdad?

Después de hecha esta pequeña aclaración, creo que estamos en condiciones de establecer las diferentes concepciones sobre el exilio al que nos hemos visto forzados, independientemente de las razones que nos condujeron a este paso, que repito, para muchos de nosotros, no fue nada fácil. Para otros, necesario.

Entonces, haciendo uso de esa innata peculiaridad que tenemos los cubanos de quererlo explicar todo, aun lo inexplicable, es que voy a subdividir o desmembrar el concepto general de exilio y exiliado, desde un punto de vista, si se quiere, algo didáctico, y tratar de hacerlo más comprensible, aunque quizás no lo logre (pero les juro que esa es mi intención).

Exilio Forzado y Emigración

Esta salida fue la que tuvieron que utilizar todos aquellos buenos cubanos a raíz del triunfo de la llamada Revolución (1959). Algunos porque les confiscaron todos sus bienes, otros porque eran o serían perseguidos, apresados, enjuiciados, etc., y como dijimos antes puedo enmarcarla (con razón o sin ella) en la década de los años 60, y se extendió quizás hasta la década del 70. Podemos decir que constituyeron el llamado **"exilio histórico"**, que tanto bien nos hizo a todos los que decidimos seguir sus pasos sin importar el momento ni el contexto histórico que nos trajo aquí.

Digo que nos hizo tanto bien porque, si leemos un poquito de historia o si simplemente hablamos con quienes vinieron en ese tiempo, nos podemos dar cuenta y asegurar, sin temor a equivocarnos, que fueron aquellos quienes nos labraron el camino, sembraron la semilla que con el devenir de los tiempos brotó y nos permitió poseer todo lo mucho o lo poco que hoy tenemos, o hemos logrado tener, con trabajo, tesón y férrea voluntad.

Se me ocurre ahora una sencilla pregunta: ¿qué hubiera sido de nosotros hoy si no hubiera existido esta avalancha humana de hombres y mujeres dignos, dispuestos a luchar y a vencer?, ¿qué hubiera sido no solo de Miami, sino del sur de la Florida, sin el deseo expreso de construir un lugar donde echar raíces para siempre?

La respuesta es de ustedes

Especifico "para siempre", entiéndase bien, pues todos ellos salieron de Cuba con el convencimiento de que no había retorno, *one way ticket*. Otros salieron con la idea de continuar la lucha en este exilio con el objetivo de poder reinstaurar la democracia y los valores que los obligaron a dejar detrás, y no solo era por lo que muchos piensan: que lo hacían con la única idea de recuperar sus riquezas y bienes materiales que allí dejaron; puede haber sido cierto, creo, pero un grupo de ellos lo hizo por convicción, y tampoco creo que se ajuste al pie de la letra decir que salieron huyendo, sino que simplemente salieron con los ideales que en aquellos momentos tenían, consecuentes con sus ideas y principios, válidos para unos y no tan válidos para otros. Además trataron, y lograron en gran medida, mantener nuestras tradiciones, ya que un pueblo sin tradiciones es un pueblo sin porvenir, y lo preocupante no es la perversidad de los malvados, sino la indiferencia de los buenos.

También, enmarcado en este período, se produjo lo que se consideró el primer éxodo masivo de cubanos, que tuvo lugar por el puerto matancero de Camarioca. Se inicia el 7 de octubre de 1965, cuando centenares de embarcaciones llegan desde la Florida a recoger a familiares y amigos (solamente a los permitidos por el gobierno cubano). Debido al empuje de la opinión pública internacional, que consideraba que era un verdadero peligro el cruce del estrecho de la Florida (que en ocasiones se llevaba a cabo en embarcaciones precarias y muy poco seguras), se establece un diálogo entre los gobiernos de La Habana y de Washington, y nace entonces el llamado puente aéreo "Vuelos de la Libertad", que estuvo vigente hasta el año 1974. Se cree que alrededor de 250.000 cubanos emigraron hacia Estados Unidos por esa vía.

Por ese tiempo también se promulga y entra en vigor la llamada "Ley de Ajuste Cubano", en 1966, que le otorgaba el derecho a los cubanos que llegaran a territorio estadounidense de solicitar la Residencia Permanente, al año y un día de permanencia en los

Estados Unidos, siempre y cuando hubieran cumplido, en ese año, con las leyes, normas, disposiciones y regulaciones vigen-tes en este país. Esta Ley es considerada, por muchos entendidos en la materia, como "única" en su clase en materia de leyes migratorias en el mundo, y favoreció en aquellos momentos a todos los cubanos, y nos sigue favoreciendo en la actualidad (aunque es justo decir que muchos cubanos no consideran ni valoran esta bendición).

Otro éxodo masivo, que considero vale la pena destacar, no solo por lo que la partida significaba sino también por la gran carga emotiva y sentimental que entrañaba (y menciono, hoy día muchas de las personas que conocen de esto no están de acuerdo con esta decisión por parte de los padres) fue la Operación Peter Pan.

Esta Operación consistía en sacar de Cuba a estos niños (alrededor de 14.000), y estaba coordinada entre el Gobierno de los Estados Unidos, la Iglesia Católica y Cubanos en el exilio. Estos padres que se desprendieron de sus hijos pequeños lo hicieron temiendo por lo que se decía que había pasado en Rusia, y por otras justificaciones más.

La Operación tuvo lugar entre el 26 de diciembre de 1960 y el 23 de octubre de 1962. El objetivo principal consistía en que los niños se reunirían con sus padres en pocos meses, pero con la Crisis de los Misiles en 1962, se suspendieron estos vuelos y dejaron aproximadamente a 800 niños literalmente abandonados en espera de sus padres en Miami.

Cuando se hizo obvio que estos padres no llegarían en el tiempo previsto, comenzaron entonces a ubicarlos en diferentes Orfanatos de la Iglesia Católica, o a ser dados en adopción a diferentes familias en todo el territorio de los Estados Unidos.

Dicho así, suena un poco cruel e inhumano, pero hoy por hoy he tenido la oportunidad de conversar con muchos de estos que ayer fueron niños Peter Pan y que hoy son, la mayoría, hombres de bien, profesionales, empresarios, buenos trabajadores, padres de familia, etc. Curiosamente, aquellos con los que conversé recuerdan con nostalgia y tristeza aquellos momentos, pero están agradecidos de haber sido parte de este gran grupo. La lista de nombres sería interminable, y para ellos también va nuestro agradecimiento por lo que sembraron ayer, que cosechamos nosotros hoy.

Podemos decir que ya a partir del cese de los vuelos de la libertad en 1974, en los cuales cerca de 250.000 cubanos abandonaron la isla (en su mayoría la llamada "pequeña burguesía", obreros calificados y el "éxodo de cerebros"), la emigración comienza entonces a ser menos política (verdaderos exiliados) para convertirse en económica (más emigrantes), convirtiéndose, al decir de muchos, en otra "válvula de escape" para ese sistema económico, ya inoperante.

En 1978 hubo conversaciones entre el gobierno cubano y exiliados en Miami. El gobierno accedió a liberar a 3.600 presos políticos y permitir la primara fase de lo que se llamaría después "la reunificación familiar", con las famosas "visitas de la comunidad" (hasta ese momento prohibidas). Esto trajo como consecuencia, pienso yo, la exacerbación del deseo de abandonar el país; comenzaba entonces "la caída de la Cortina de Hierro de La Habana", al poder comparar y conocer, diremos, de primera mano, cómo era la vida de todo aquel que otrora fuera un gusano, un apátrida, un desafecto, etc.

A principios de abril de 1980, un ómnibus de la ruta 32 se introduce a la fuerza con pasajeros y todo en la embajada del Perú, derribando muros y cercas, con el objetivo de pedir asilo político y emigrar hacia la república de Perú.

La "bola"[19] de este hecho se corrió a través de "radio bemba"[20], y comenzaron a ingresar allí por los

---

[19] Bola: acepción muy cubana para referirse a un rumor, un chisme, acontecimiento no confirmado por ninguna vía oficial.

201

jardines, a través de los escombros derribados, en fin, como se pudiera.

Debido a ello el gobierno de Cuba decide retirar la custodia armada de las embajadas y dejó así el camino despejado para la entrada en el recinto (territorio peruano, de hecho), y en menos de lo que canta un gallo ya había cerca de 10.000 cubanos, hombres, ancianos, mujeres y niños, muchos de ellos en brazos, para solicitar de esa manera el asilo político y escapar de Cuba.

Fue de tal magnitud la aglomeración de personas que no contaban con el más mínimo recurso (léase comida, agua, sanitarios), que el gobierno peruano, con anuencia de Cuba, comienza a dar salvoconductos a algunos para que pudieran salir de sus casas y volver a entrar. Esto, por supuesto, no resolvería la situación.

Entonces el gobierno de Estados Unidos y el de Cuba acuerdan que podrían salir para Miami todos aquellos a quienes sus respectivos familiares pudieran ir a buscar en lanchas, yates, botes, en lo que fuera, y para este fin se habilitó el puerto del Mariel, al oeste de La Habana.

---

[20] Radio Bemba: otro cubanismo que se refiere a un noticiero o una forma de trasmitir sucesos, hechos que casi siempre derivaban de las bolas.

Comienza así quizás el mayor éxodo de un pueblo en la historia moderna, tras el cual ingresaron en poco tiempo, relativamente, alrededor de 130.000 cubanos a territorio estadounidense. A este fenómeno se le denominó "Éxodo del Mariel", y a todos aquellos que llegaron por esa vía se los nombró "Marielitos".

Según testimonios de algunos de estos "Marielitos" con los cuales tuve la oportunidad de conversar, supe que fue un desastre y un verdadero escape de la situación imperante en el país, pues se dice que obligaban a muchos capitanes o dueños de embarcaciones no solo a recoger a la verdadera familia o a quienes iban a buscar, sino que les embarcaban presos comunes, de la peor calaña algunas veces, enfermos mentales, etc., la verdadera escoria de la sociedad en aquel momento, pero solo lo menciono y que considero colofón de los hechos ocurridos en la embajada del Perú, y sería otro tipo de exilio/emigración que no es motivo de nuestra narración.

Solo diré que en este gran grupo arribaron a los Estados Unidos algunos "caciques", que no tuvieron más remedio que convertirse en "indios" para poder subsistir y también triunfar en este medio nuevo y hostil, y creo que muchos lo lograron para beneficio posterior de los que llegamos después, es decir que ellos contribuyeron a sembrar la semilla del triunfo para que nosotros obtuviéramos la cosecha.

A vuelo de pájaro mencionaremos ahora la otra gran avalancha de salida ilegal de Cuba mediante balsas y embarcaciones de muy precarias condiciones, hechas con lo que hubiera, la mayoría de las veces sin conocimientos de navegación y muchos menos conocimientos respecto a construir una embarcación; a esta gran salida se la denominó "crisis de los balseros", después de que Fidel Castro, en un discurso del 13 de agosto de 1994, ordenó retirar toda la protección y patrullaje de las costas de Cuba por el gobierno, dejando el camino expedito para esta muy favorable explosión de emigración (para el gobierno cubano), que en esos momentos estaba pasando momentos muy críticos con las consecuencias de la debacle del llamado campo socialista y el cese de la "ayuda" de la otrora Unión Soviética y los países del bloque socialista de Europa del Este.

Todos estos compatriotas que eran recogidos en alta mar eran repatriados a la Base Naval de Guantánamo, a aproximadamente 1000 kilómetros de La Habana, y allí permanecerían hasta que las autoridades norteamericanas decidieran otorgarles asilo o permeancia en territorio norteamericano mediante una disposición existente llamada "pies secos – pies mojados". Esto trajo a los Estados

Unidos otro gran grupo de cubanos y cubanas de todas las edades, que al igual que los anteriormente mencionados emigrantes contribuyeron, muchos de ellos, a la situación posterior que luego encontraríamos los que llegamos después.

Según cálculos, en menos de tres meses la cantidad de balseros ascendió a cerca de 32.500; fueron reubicados poco a poco en territorio continental americano o en otros países mediante acuerdos suscritos por los Estados Unidos y esos países.

¿Qué nos puede decir esto?, que, como dice esta frase que en una ocasión leí: "Quien siembra vientos, recoge tempestades", y eso es parte de la tempestad que el régimen logró a través de todo ese tiempo.

Al fin llega el momento de sumarme a esta emigración, y en el mes de junio de 1996, después de vencidas todas las dificultades antes descritas, abordo un avión con destino a Managua, Nicaragua, dejando atrás una estela de dolor, llanto, tristeza, amargura, y avanzando con un poco de temor a lo desconocido, pues no solo por lo desconocido sino también porque ese paso no tenía marcha atrás, de mí dependía la suerte y el futuro de toda mi familia, que pudieran salir y hacer otra vida, buena, regular o mala, pero sí creía que mejor que la que dejábamos atrás con ese optimismo, que nunca me ha abandonado ni en los peores momentos, sin olvidar una frase del refranero popular campesino cubano "de trece huevos, trece pollitos", o sea: no se me iba a echar a perder ninguno.

No fue fácil, por supuesto que no, pues todo aquel que lo abandona todo solo con una esperanza en el corazón, y una fe inquebrantable en el futuro, creo que tiene el derecho a luchar por triunfar dondequiera que decida comenzar de nuevo, y claro está, no le podemos tener miedo al chile, aunque lo veamos colorado.

La Patria estoy seguro de que también se extraña y que la distancia duele, pero: Patria estará lejana, pero nunca ausente del corazón.

Una de las interrogantes que daba vueltas en la cabeza en las noches previas a la partida, y en las primeras noches que pasé solo en un cuartico en Nicaragua era si seguiría siendo cacique, o si caería a la condición de indio; en una tierra ajena, con tres dólares en el bolsillo... pero, citando a Einstein: "Si alguna vez tuvieras que elegir entre el mundo y el amor, recuerda que si eliges el mundo, quedarás sin amor, pero si eliges el amor, con éste conquistarás al mundo", y, a la luz de estos años, creo que en aquel momento elegí el amor.

Comienza entonces ahora la verdadera odisea, tan ardua y difícil como la de Odiseo, pero cuanto más atrás puedas mirar, más adelante verás. Dejé un poco la modorra y me enfoqué en salir adelante con dedicación, esfuerzo y también con un poco de suerte, que creo que en ningún momento me abandonó, pues llegué a casa de mi cuñado, que ya llevaba algunos meses en ese país trabajando como médico, y recibí de su parte alguna ayuda. Pero la mayor ayuda que recibí fue de otro médico anestesiólogo de Matanzas, Cuba, que me tomó de la mano y realizamos todos los trámites pertinentes para la convalidación y posterior obtención de la licencia para poder trabajar, y como llegué como residente legal, tuve quizás pocas dificultades, además que pude llegar con todos los documentos legalizados desde Cuba (hecho de vital importancia).

Tenía necesidad imperiosa de comenzar a ganar dinero pues los tramites costaban, el alquiler también, así que otro médico (estos dos últimos están ya aquí en Miami), que estaba casado con una Nicaragüense, licenciada en Farmacia que trabajaba para un negocio de familia y estaba acondicionando allí mismo un local para consultorio, me ofreció el local por las mañanas sin cobrarme nada hasta tanto levantara cabeza.

Los viajes desde donde vivía, un barrio llamado Jardines de Veracruz, hasta el consultorio, los hacía en transporte público, y alguna que otra vez en la guagüita de San Fernando, un ratico a pie y otro

207

caminando (refranero popular cubano). Así fui haciéndome de nuevas amistades que me ayudarían a salir a flote, eran como una tabla de salvación en un mar bravío.

Al poco tiempo, con el favor de Dios, conocí a una señora que tenía muchas relaciones, pues había ostentado algún cargo político en el Sandinismo, y me recomendó con la Directora de la Organización No Gubernamental "SI Mujer", quien después de entrevistarme y de estudiar el *curriculum* tuve la suerte que me ofreciera el trabajo de Ginecólogo como Especialista con un salario muy adecuado para la ocasión, ya que para ese entonces tuve que empezar a vivir solo, y los viajes seguían siendo en ómnibus, madrugando y regresando en la tarde, y a esa hora inventar algo para comer (pues yo de cocina sé lo mismo que de Astronomía), pero como ya dije entre Canino (ese era el apellido de este anestesiólogo gran amigo), su hermano y un amigo de él que vivía precisamente enfrente de mi casa, siempre me arreglaba para comer caliente.

Creo que despuntaba ya el resurgimiento del cacique, que como Ave Fénix renacía de sus cenizas, pues a pesar de ser una sociedad democrática y de consumo, las relaciones humanas seguían siendo fundamentales; así conocí personas buenas que desde sus diferentes áreas de trabajo me ayudaron: unas en la línea aérea que hacía los viajes directos a Cuba, otras desde la oficina de inmigración, que más tarde me ayudaron con las visas para mi familia, etc. Así fui creciendo y logré, sin petulancia, ganarme un lugar en esa población, pues además del trabajo en SI Mujer podía captar pacientes para procederes privados, que iban incrementando mis ganancias, lo que me permitía ahorrar en espera de la reunificación familiar: sentí entonces que ya era otra vez Cacique, y lo más bonito e interesante, sin tener que vivir de limosnas, es decir: nacía un verdadero Cacique.

Las amistades que tuve en todo ese tiempo que viví en Nicaragua a lo largo de esos 6 años, han dejado una huella imperecedera en mi conciencia, en mi alma y en mi corazón; aún los recuerdo, con nostalgia a veces, pues quien no siente nostalgia es porque no ha vivido.

Mención especial de este grupo de amistades merecen dos familias que tuve la bendición de conocer: el Sr. Javier Cajina y toda su familia, que pusieron a mi disposición no solo su enorme círculo de amistades de muy variada extracción social sino también su holgada posición económica que fue de una ayuda extraordinaria. Además me brindaron su apoyo emocional siempre que lo necesité. Y la familia de la Sra. Marcia Romero, que también fueron incondicionalmente más que amigos, verdadera familia, tan necesario esto último cuando nos encontramos lejos de los nuestros, pues no solo de pan vive el hombre. La lista sería poco menos que interminable, dato que puedo mencionar con todo orgullo, pues yo soy como George Sands, quien hizo de la amistad, un culto.

Para la comunidad cubana, no solo médica sino en general, debo tener palabras especiales de elogio y consideración, pues me consideré formando parte de una gran familia donde la ayuda era entre todos para lo que hiciera falta, pues la verdadera donación es darse por entero, sin restricciones. En una palabra, me sentí verdadero Cacique entre Caciques, y así también se sintió toda mi familia cuando llegó y se incorporó a esa nueva sociedad.

Vencidas todas las dificultades, no olvidemos lo mencionado en párrafos precedentes, que lo "más malo" que puede encontrarse una dificultad en su camino es a un cubano, pues siempre las vence.

En la primavera de 1997 llega al fin el día del reencuentro, extraordinariamente emotivo y sentimental de ambas partes, pero bueno, dejemos a un lado estos momentos reales pero un poco tristes, y concentrémonos en lo que vino después. Entre todos esos amigos que mencioné me ayudaron a organizar una recepción de bienvenida; estaban en el aeropuerto de Managua formando parte del *Reception Commitee*.

Pasada la euforia del arribo venía ahora la organización de lo que sería, pensábamos en aquellos momentos, el destino final de nuestras vidas: error, como años después nos lo demostraron los avatares del destino (para nuestra satisfacción).

Los primeros trámites fueron los de la legalización de su estancia, para lo cual me valí de la ayuda de algunas amistades. Después, darnos a la tarea de buscar otra vivienda donde se sintieran más a gusto, y el sufrimiento de la lejanía se hiciera menos ostensible. Ya con todos los papeles en regla me enfoqué en la búsqueda de una escuela adecuada para la niña que, procuramos, fuera de lo mejorcito (pues para eso creo que los seres humanos emigran, para mejorar, ¿me equivoco?). Nos decidimos por una escuela privada donde ya estaba mi sobrina más pequeña, hija de mi cuñado; en Cuba tuve la suerte de haberla conocido. Se trataba del Colegio Teresiano, donde podría terminar su instrucción primaria y continuarla hasta el bachillerato.

Me llamó poderosamente la atención el poder de adaptación demostrado por toda mi familia, y en especial por mis dos hijos, que eran todavía muy pequeños para este salto; pero bueno, una vez más se cumple la sentencia que dice que ser que no se adapta, perece. A los pocos meses ya formaban parte integral de esta sociedad, sin comités de defensa de la revolución, sin trabajos voluntarios, sin tener que levantarnos y salir a "resolver "o "escapar", sin tener que hacer cola para el panecito, o correr tras la pipa de agua, ni salir a mendigar unos litritos de gasolina, ni esperar ese engendro diabólico que resultaron ser las tristemente célebres "pasta de Oca", "picadillo de soya" o el pescado "chicharro", etc. (pido por favor a aquellos que no sean cubanos o que hayan salido de Cuba años atrás que se auxilien de algún cubano para que les explique lo anterior). En dos palabras, veía a mi familia feliz, pero siempre con el hándicap en contra de mis padres que habían quedado en aquella negación de país, y que quizás nunca más los volvería a ver.

A mi hijo lo ubicamos a trabajar en el Hotel Camino Real, en la recepción y en el transporte de los turistas desde el aeropuerto hacia el Hotel y viceversa, pero duró poco en ese empleo y más tarde pudo comenzar a trabajar en un *dealer* de autos de la concesionaria Peugeot, donde se sentía a gusto; estuvo hasta su salida hacia los Estados Unidos en 1999, con ayuda del propietario que le pudo resolver la visa americana.

Ahora le tocaba el turno a mi esposa, que como ya dije, es enfermera, y como había traído todos los documentos pudo empezar a trabajar en una clínica privada donde en ocasiones llevábamos pacientes para cualquier proceder, llámese parto, cesárea, operaciones ginecológicas, u otras, pues mi cuñado que es cirujano, también la utilizaba; ahí empezó de madrugada, con un muy bajo salario, pero ella había decidido comenzar, pues decía que así contribuiría en algo al sostén de la familia, actitud que agradecí y que valoro siempre.

Después, ya con esta experiencia, logramos que la contrataran en SI Mujer, donde el salario era mucho mayor; trabajaba de 7.00 a.m. a 5.00 p.m., y allí estuvo hasta que aprendió a manejar, acontecimiento heroico y extraordinario, a sabiendas de que en Cuba nunca había tocado un timón y solo montaba en los carros como pasajera, pero esto demuestra una vez más que cuando se quiere, se puede. Así pudo aplicar en un laboratorio para trabajar como "visitadora médica" (representante de medicamentos), pero para ello era condición imprescindible tener un auto, y otra vez volvió a surgir la presencia salvadora de nuestro amigo Javier Cajina, quien solamente nos dijo *¿Cuánto necesitan?*, e inmediatamente nos lo facilitó. Y agregó: "Me lo van pagando poco a poco, mientras puedan, y si no, está bien igual".

Y como el tiempo pasa, llega el año 1999, y mi hijo es enviado por el dueño del *dealer*, que si mal no recuerdo era el Sr. Lacayo, a Miami, a la compra, creo, de equipos de sonido para los Peugeot; él mismo se encargó de tramitar la visa, y así fue cómo comenzó, pudiéramos decir, la última etapa de nuestro peregrinaje migratorio, pues al salir de Nicaragua mi hijo, que a la sazón contaba con 22 años, nos manifestó su deseo de no regresar más, es decir, que cuando terminara satisfactoriamente la tarea encomendada, se quedaría en Miami para rehacer su vida.

Con gran dolor y pesar le dimos nuestra bendición y lo vimos partir a otro destino incierto, esta vez solo, pero con juventud y deseos de luchar y triunfar, sin tener en cuenta el sacrificio que tuviera que hacer según nos planteó, y es cierto, pues el triunfo es de los que se sacrifican.

Otra vez, la familia que con tanto esfuerzo creamos y luchamos por mantener unida, se iba a separar; por cuánto tiempo, no sabíamos.

Y así fue, llegó a Miami e inmediatamente empezó a buscar trabajo y encontró una brigada de "loseros", con los cuales empezó a trabajar muy pero muy duro (dicho en sus propias palabras), viviendo en un cuartico de apenas dieciséis metros cuadrados, viajando hacia el lugar de trabajo en bicicleta, en fin, todas aquellas vicisitudes que enfrentan quienes llegan con una mano delante y otra detrás, pero con fuerza, voluntad y sobre todo decisión de luchar para salir adelante, pues desde ya él sabía que había tres cosas que nunca regresan: el tiempo, las palabras y las oportunidades. Vale decir que tuvo un apoyo enorme e incondicional de unos primos que habían vivido allí desde pequeños, y que estaban ubicados con una posición tan holgada que le tiraron tremendo cabo. ¿Ven?, siempre hay una mano amiga que nos sirve como un madero flotando en medio del mar.

Mientras esto sucedía aquí, nosotros en Nicaragua estábamos como gallina sacada de pato, sin encontrar paz ni sosiego, llamábamos todos los días, no solo a él, sino también a los primos, para que nos mantuvieran al corriente de los acontecimientos. También a un amigo, compañero de carrera y de toda la vida, con quien mi hijo tenía una gran afinidad; una verdadera familia que, cuando le informamos que Damián estaba en Miami, enseguida se encargaron de ayudar, dentro de sus posibilidades.

Nuestra reunificación se hacía cada vez más lejana, pues veíamos que era bien difícil obtener una visa de turista para visitar Miami, siendo cubano, a pesar de ser residente nicaragüense.

Antes de continuar el orden cronológico de estos acontecimientos tengo la necesidad imperiosa de narrar uno de los hechos más tristes, dolorosos y, por qué no, bochornosos que tuvimos que atravesar, y que nos hizo valorar más estas palabras de un autor anónimo: "Más grande que el amor a la libertad, es el odio a quien te la quita". Pues bien, por aquellos tiempos mi padre estaba enfermo de gravedad, y como teníamos que pedir permiso para entrar a mi país (imagínense que cualquiera de ustedes que no sea cubano tenga que pedir permiso para entrar en su propia casa; insólito, ¿verdad?), pues así era, y me negaron esa entrada a la que podríamos considerar humanitaria. Se le dio al embajador información con todo lujo de detalles acerca del hospital donde estaba hospitalizado mi padre, e inclusive el nombre de los médicos que lo atendían, y digo esto pues este señor, como era médico, también lo conocía.

Todo esto fue con la intención de demostrar que no era un "número" (engaño), ni una trampa; aun así nunca me llegó este permiso; sin embargo a mi esposa, que viajaría conmigo, le llegó en dos ocasiones, y lo más inverosímil de todo esto es que no nos ofrecían explicación alguna, simplemente me informaban que no estaba autorizado a entrar en Cuba.

Pero como Dios es grande y misericordioso, cuando me informan un domingo en la mañana que mi padre había fallecido el día anterior, haciendo de tripas, corazón, volví a casa de ese señor, y el muy hijo de... me dijo, con su cara fresca, "coño, lo siento". No les voy a describir mi reacción pues es obvia, y más aun cuando me pregunta cuándo iría a Cuba; les dejo a su imaginación el encabr... que me dio; solo le respondí: "cuando usted quiera", pese a que ese domingo envió a uno de sus secuaces a abrir la embajada y que me pusiera un cuño en el pasaporte que me autorizaba la entrada.

Mi respuesta fue escueta, hiriente y tajante "usted ve, esto podía haberlo hecho días antes y yo hubiera podido ver al ser humano de más valor y que más quise en la vida, pero bueno, aunque usted no crea, en el Cielo existe un Dios Todopoderoso, que me hará justicia", y así sucedió meses después.

Como ven, eso fue una parte más del precio que tenemos que pagar nosotros los cubanos por haber emigrado, y lo más bonito de todo es que salimos de Cuba sin tener ninguna deuda con el sistema, al contrario, habíamos pagado con creces todo lo que supuestamente, y a su escaso y malintencionado entender, me habían dado.

Decirles quiero que tal era la validez que esa firmita y cuñito en el pasaporte tenía, que al llegar a la aduana de Cuba alrededor de los 10 de la mañana, los guardias de inmigración ni siquiera nos revisaron el equipaje, sino que nos trataron como unos pasajeros VIP.

A la salida nos estaban esperando los familiares que nos llevaron al Cementerio Colón, donde solamente alcancé a sentir y llorar sobre la tumba de mi padre recién enterrado; las lágrimas que se derraman son amargas, pero más amargas son las que no se derraman y se mantienen escondidas para toda

217

la vida. Aún quedaban los familiares y amigos que lo habían acompañado a su última morada con el dolor de no haber podido despedirse de mí, a quien él consideraba su sucesión, o mejor aún, su realización. A pesar de no haber sido mi culpa, todavía lo llevo por dentro, no he podido olvidarlo y día a día en mis rezos solo le pido que me perdone.

Después de esta amarga experiencia y habiendo realizado todas las visitas y compartido con todos aquellos que yo consideraba lo merecían (por supuesto, mi madre aparte), solo nos bastaron cuatro días, y al amanecer del quinto ya estaba tomando el avión de regreso a Nicaragua, aunque podría haberme quedado hasta 21 días según las regulaciones migratorias de ese entonces.

Al regreso me esperaban muestras de tristeza y dolor de parte de mis amistades, de los familiares. Quise empezar a trabajar inmedia-tamente, pero por fortuna, la directora y el resto del personal médico de SI Mujer vieron en las condiciones que estaba y la directora, que a pesar de tener ideas con tendencias izquierdistas (claro, ella no tenía ni la más remota idea de lo que era el socialismo ni por supuesto mucho menos el comunismo, solo estaba imbuida por la corriente latinoamericanista que imperaba en aquel entonces, donde pensaban que el sistema impuesto por la fuerza en Cuba era bueno, [¡qué bien se nada en la orilla!]), como decía, decidieron enviarme a casa, con goce de salario, por todo el tiempo que yo considerase necesario para reponerme de esta irreparable pérdida. Esta deferencia la he agradecido siempre y seguiré agradeciéndola.

¿Pudiera esto tratarse de otra manifestación de caciquismo?, aún no lo sé.

El indetenible e implacable tiempo fue pasando y creo que al cabo de 7 o 10 días comencé de nuevo las labores habituales; por suerte en ese tiempo fue cuando más trabajo tuve desde el punto de vista privado, al punto de poder instalar en uno de los cuartos de la casa (con el aporte de mis incondicionales amigos), un consultorio, donde después de las 5 de la tarde y los fines de semana realizaba la práctica privada que me generaba una entrada extra, no solo por la consulta *per se* sino por lo que de ella derivaba: diferentes procederes y la captación de cirugías, entiéndase cesáreas, partos, operaciones ginecológicas, inserción y retirada de DIUC (dispositivos intrauterino contraceptivo) vaginoplastias, nódulos de mama y todo aquello que estuviera dentro de mi campo de acción y no solo eso, sino también otros procedimientos como apendicitis, tumores, etc., que caían en la práctica de cirugía general, pero como había dos cirujanos cubanos (uno era mi cuñado y el otro un compañero de curso que además era mi amigo) hacíamos de todo y siempre me pagaban la ayudantía. En honor a la verdad, desde el punto de vista técnico-profesional, eran inmejorables y por ello nuestra clientela iba *in crescendo*, y esto redundaba por supuesto en el posicionamiento del cacique.

Paralelamente a esto, mi hija iba también cosechando triunfos en sus estudios, con reconocimientos de la dirección de la escuela (menciono esto aquí pues más adelante se podrán dar perfecta cuenta de su importancia a la hora de obtener la tan difícil, lejana e inalcanzable "visa americana").

Mi esposa igual en su trabajo como "visitadora medica", y mi hijo en Miami, según testimonio de los familiares que lo monitoreaban y de amigos nicaragüenses que podían visitarlo con relativa frecuencia, también hacía progresos ostensibles en su propio camino, y eso, claro está, nos tranquilizaba un tilín, pero la nostalgia y el vacío por su falta no era para nada corregida, y empezamos entonces de manera imperceptible a querer estar de nuevo unidos a como diera lugar.

Esta situación de la distancia, fuimos percatándonos, nos estaba socavando inadvertidamente, actuando de manera muy negativa en toda nuestra vida social; aunque tratábamos de sobreponernos muchas veces se hacía casi imposible.

Como considero muy cierto el refrán popular que dice: "el hombre propone y Dios dispone", en una de las conversaciones que tuve (un fin de semana almorzando y dándonos unos tragos) con el dueño de una clínica de la seguridad social en Nicaragua para la cual trabajaba también, le planteo mi deseo de poder ir a visitar a nuestro hijo en Miami, y aprovechar unos días de vacaciones que tenía en los otros trabajos para ese fin.

Como yo tenía conocimiento de su posición socio-económica en Nicaragua, y me habían comentado que había una vía para tratar de obtener la visa de turista, se lo planteo. No era simple enviarme a comprar equipo médico para la clínica, pero de todas formas, digirió la idea y así lo hicimos. Por supuesto, hermanos, que a pesar de la carta y bla, bla, bla, no fue nada fácil, pero al fin Dios lo quiso y pude venir a visitar a mi hijo en enero de 2002. Su alegría fue inmensa cuando me vio, pero no así mi percepción (que nunca le demostré), de los enormes trabajos físicos que estaba realizando en un trabajo que era del ca... Quien alguna vez haya puesto losa o solamente observado cómo es ese trabajo me dará la razón de que era un trabajo del ca..., pero como ya dije antes, este muchacho no le tenía ningún miedo al trabajo y estaba plenamente enfocado en su bienestar y en salir adelante con la esperanza de podernos ayudar y de que pudiéramos venir más temprano que tarde y estar de una vez por todas reunidos para siempre.

Al cabo de 15 días de estar compartiendo sus vivencias diarias me doy cuenta de que la tristeza de la separación y de la muerte es el más grande de los engaños, parafraseando a Mahatma Gandhi.

Al llegar, el núcleo familiar esperaba con ansias las noticias de primera mano, en las que no habría engaños ni tretas ni falsedades, solo la verdad de la situación en que había encontrado y dejado a nuestro hijo. Por supuesto que no mentí, e imagínense ustedes cómo puse los corazones de todos ellos: estrujados como una pasa de uva; nos dimos a la tarea, entonces, de tratar de lograr que mi esposa fuera a visitarlo.

Estos amigos de quienes tanto he hablado desde nuestra llegada a Nicaragua, nos dieron una idea de cómo obtener la visa americana: seguimos sus consejos y pusimos a mi esposa como trabajadora de los negocios de Javier, y así se presentó en el embajada, logrando no tan fácilmente, en abril de ese mismo año, poder visitar al muchacho. Como era de esperar, el impacto en el corazón de madre fue mucho mayor y más destructivo que el causado en mí, al punto de plantearnos que había que buscar la forma de salir, la niña y yo, pues ella pensaba que no podía dejarlo solo en medio de tanto trabajo. La familia es la unidad funcional y estructural de toda sociedad, y todo parece indicar que el régimen estaba consciente de ello, pues desde el mismo 1 de enero de

1959 comenzó a socavar las bases de la misma, y lo logró, poco a poco, calculándolo fríamente, llegando otra vez a nosotros, que ya creíamos haber superado ese obstáculo en nuestras vidas: craso error; el fantasma del sistema no quería abandonarnos, nos seguía golpeando, y una vez más le doy todo el crédito a Víctor Hugo, cuando planteó que la familia es el espejo de la sociedad, es decir: al destruir la familia, iba destruyendo la sociedad, objetivo cumplido con creces.

Se infería que su intención era quedarse o al menos presionar sanamente para que nos pudiéramos unir todos nuevamente. Como ya mencioné en párrafos precedentes, creo con firmeza que existe algo o alguien, llámelo como usted desee: destino, casualidad, en fin, la denominación que más le plazca, que para mí no es otra cosa que los designios de Dios: por esa fecha los donantes, patrocinadores o sponsors de la ONG donde trabajaba, empezaron a disminuir los fondos y por ello hubo que recortar el personal, y como yo había sido el último en comenzar a trabajar allí pues a mí me tocó, y me despidieron no sin antes portarse muy elegantemente en cuanto a la liquidación monetaria se refería.

Como me había labrado un nombre y la posición de cacique estaba vigente, no pasaron ni dos semanas que ya tenía otro trabajo, no tan bien remunerado como el anterior, pero con ese y mi práctica privada seguía viviendo más o menos igual que antes.

Por ese tiempo, una gran amiga y ginecóloga cubana me dice que había una ONG (Organización No Gubernamental) que recién comenzaba sus labores en Nicaragua y que estaba en busca de un asesor. Ni corto ni perezoso, me personé con su recomendación ante la persona encargada de los servicios que ofrecería dicha organización en Nicaragua. Esta ONG se llamaba "Marie Stoppes Nicaragua", con sede en los Estados Unidos. Presenté entonces el resume, y al cabo de varios días me citaron para la entrevista de rigor, y me aceptaron sin condiciones; solo se conversó el tema salarial, el cual se avino a mis necesidades, y me dejaba tiempo para continuar con la consulta del seguro social y con mi práctica privada.

El trabajo consistía en ser asesor/conse-jero/director de los planes de atención a la mujer y la salud reproductiva, con un plan piloto o de prueba en varias regiones del país, además que debía confeccionar el reglamento o las directrices junto con la compra de todo el material necesario para que los médicos generales o de familia que estaban ubicados de forma definitiva en esas casas/consultorios pudieran trabajar, no solo en la salud reproductiva de las mujeres, sino también en la atención general a la mujer principalmente.

De más está decirles, queridos lectores, que ese trabajo me vino como anillo al dedo, pues era lo que más me gustaba hacer; además que fungiera como especialista consultante de los casos gineco-obstetricos y de medicina en general que ellos tuvieran en su práctica diaria, y que deseaban una valoración especializada, las visitas trataban de hacerse semanalmente, en los consultorios del área de Managua: sería hasta dos veces por semana o cuando alguno de estas doctores lo requirieran.

Creo, sin aspavientos ni falsa modestia, que hice un buen trabajo, porque no estaba haciendo nada nuevo ni inventando el agua tibia, ni era la última Coca-Cola del desierto, sino que era un campo de trabajo por mí dominado; además se elaboraban reuniones semanales sobre diversos temas de salud en locales de reuniones escogidos, que tenían lugar en salones de hoteles, en la sede de la Organización o en algún salón de reunión de algún hospital, no solo de Managua, sino de cualquier hospital de las regiones donde trabajara uno de estos consultorios.

Pero bueno, basta ya de tanta "muela barata" (al decir del buen cubano), y concentrémonos en el objetivo de todo este preámbulo, que no es más que explicarles cómo fue que mi hija y yo pudimos salir para Miami.

En una ocasión se me informa que debía preparar una actividad "a todo meter", pues se esperaba una visita de control/ayuda/supervisión de la responsable de esta Organización Internacional, a nuestra sede en Managua, Nicaragua: consistiría en ofrecer toda la gama de proyectos realizados y futuros, y hasta cierto punto, para comprobar cómo se habían invertido los fondos desembolsados para los fines trazados de la Organización.

Se preparó para todo el personal administrativo, por el personal encargado de la educación de salud, seminarios sobre diversos temas de interés general de la población atendida y los futuros planes de expansión a más comunidades.

Esta actividad se planificó y realizó en los salones de conferencias del Hotel Holiday Inn de Managua, con su correspondiente coctel de bienvenida, almuerzo, un tour por los diversos consultorios, y demás. Puedo decir que se hizo gala de organización, un buen trabajo de todos aquellos que tenían a su cargo el funcionamiento de la ONG.

Aquí vamos ahora, a mencionarles en qué desembocó toda esta exposición previa. En la penúltima reunión que tuvimos antes de las conclusiones definitivas de la visita, se me informa que tenía que preparar un viaje a Kenya para asistir a un seminario sobre ETS (Enfermedades de

Trasmisión Sexual), representando la subsidiaria en Nicaragua de Marie Stoppes, desde luego con todos los gastos pagados; eso hubiera sido formidable en otras circunstancias, pero no se avenía a mi futuro inmediato. Así las cosas, en la cena, traigo a colación que tenía un pequeño problema que no tenía idea de cómo resolver en ese momento: deseaba visitar a mi hijo que estaba en Miami, y la visa americana para nosotros era sumamente difícil, quizás más fácil fuera ir a la luna. Se lo dejé caer sin esperanza de que tal vez ella pudiera hacer nada, pero bueno, como dice el dicho: las oportunidades las pintan calvas y no se pueden dejar pasar.

Su respuesta fue simple y sencilla: "Doctor, no se preocupe, yo le voy a dar una carta de invitación a un seminario que se va a efectuar en Oregón dentro de un mes, y nuestra organización tiene interés de que usted asista en representación de Nicaragua". Esa misma noche se sentó frente a su computadora y me elaboró la invitación en un documento con todos los requisitos. Por supuesto que dicha carta tendría el *head letter* de Marie Stoppes International, con el cuño oficial incluido.

En una ocasión me encontraba haciendo una cesárea en el hospital "Monte España" de Managua, y el anestesiólogo con que trabajaba en ese momento era un amigo cubano de Matanzas, Nelsito. Él tenía conocimiento de mi decisión irrevocable de salir de

Nicaragua rumbo a Miami para comenzar otro exilio voluntario que esta vez sí sabía que iba a ser el último; me comentó: "Rey, disfruta esta cesárea que será la última que hagas en tu vida como ginecólogo"; qué lejos y qué cerca estaban estas palabras de la realidad, de una realidad de la cual yo tenía pleno conocimiento pero que en mis adentros no quería asimilar. El mismo comentario me hicieron semanas después en el transcurso de una histerectomía, y eso me asustaba, por qué negarlo. Pero consideré, en ese momento, que la fuerza y la atracción que ejercía sobre mí la posibilidad ahora no tan remota de tener de nuevo a mi familia unida y tal vez para siempre, era mucho mayor que cualquier otro pensamiento; decidí entonces hacer una abstracción y solo enfocarme en este nuevo proyecto, que dicho sea de paso no fue nada fácil, pero como ya dije antes esta decisión era irrevocable: escogí adentrarme en la multitud para ahogarme en el clamor de mi propio silencio.

Habiendo hecho esta ligera digresión, volvamos a concentrarnos en el viaje a Miami, ya con la confianza y la esperanza de que obtendría la tan ansiada y ahora tan necesitada visa americana.

Al llegar a la entrevista en la Embajada Americana en Managua, presenté todos los documentos que se solicitaban, y por supuesto, con la carta abre puertas que tenía en la mano, después de una sesión de preguntas y respuestas y de la comprobación de rigor que hacían las autoridades consulares antes de otorgarme el permiso, me la dieron en los primeros días de agosto.

¡Ah!, ¿pero qué sucedía ahora?, ¿cómo resolvería lo de la niña? Como ya he dicho anteriormente, Dios es grande, y estando aún dentro del recinto de la embajada veo pasar a una funcionaria que me pareció buena persona, una norteamericana típica de esas que salen en las películas, y le planteo el problema enfocándolo desde el punto de vista, si se quiere, humanitario, de que como mi niña estaba de vacaciones y estudiaba en el Colegio Teresiano (una escuela privada católica), y había obtenido calificaciones formidables yo deseaba llevarla conmigo en el viaje en aras de ofrecerle unas tan merecidas vacaciones de verano. Parece que le caí bien (o más bien el Señor la iluminó), y solo me dijo: "¿Usted puede justificar todo esto de su hija con documentos de la escuela?, la respuesta fue inmediata: "Por supuesto que sí". Ella agregó: "Entonces tráigame mañana todo ello y el pasaporte de su niña y si ella puede que también venga con usted".

Partí raudo hacia la escuela, y realmente todo el aparato administrativo y de dirección se portó de maravillas, al punto de darme millones de cartas de recomendación con sus correspondientes millones de firmas y cuños; jocosamente le dije a mi hija: "Coño, lo único que falta aquí es la firma del Papa".

Al otro día nos personamos ante la señora benefactora y después de un estudio somero de la documentación presentada, me dijo "OK, creo que su hija es merecedora de esas vacaciones que usted quiere regalarle; que tangan buen viaje y felicidades".

Imaginarán ustedes que la alegría fue inenarrable y al preguntarle a la niña "¿Cuándo nos vamos?", la respuesta fue rápida como rayo: "Mañana, papi".

Claro que la cosa no era para tanto y después de todos los arreglos necesarios, llegamos a Miami en la segunda quincena de agosto de 2002.

Desde ese mismo momento en que pisamos la escalerilla del avión de Iberia que nos traería a Miami, comenzó la triste y dolorosa realidad de convertirme en indio. El cacique que otrora fuera había desaparecido, ya era un recuerdo, algo del pasado, en aras de ver cómo mis dos hijos podrían luchar en completa libertad y obtendrían en la vida lo que se propusieran, con su propio esfuerzo, haciendo patente estas frases que desde pequeño había oído en boca de los mayores: "Aprendan, flores, de mí, lo que va de ayer a hoy; ayer maravilla fui y hoy sombra de mí no soy" (aludiendo, claro está, a la flor de la maravilla que es bella pero de vida efímera).

En alguna de las noches de meditación que tuve llegaron a mi memoria unas palabras de Goethe, que estudié en el preuniversitario: "Nadie es más esclavo que el que se tiene por libre sin serlo"; nos habíamos tenido por libres sin realmente serlo.

El encuentro fue como todos los encuentros: llanto, dolor reprimido y expresado, abrazos, besos, en fin, todas las reacciones emotivas que se deben tener cuando hay sinceridad, honestidad y verdaderos sentimientos que emanan de corazones dolidos y rotos por el tiempo de separación al que fueron sometidos por los eventos de la vida y el destino.

Pero bueno, ya estamos donde queríamos, partiendo de cero, borrón y cuenta nueva, procurando ser siempre padres de nuestro porvenir que no hijos de nuestro pasado, sin importar cuán difícil pudiera ser nuestro futuro, porque nunca es más negra la noche que cuando va a amanecer.

De acuerdo a las leyes y normas vigentes que teníamos que cumplir sin discusión tuvimos que esperar un año y un día para poder aplicar a la residencia acorde a la tan benévola y favorable Ley de Ajuste Cubano, que repito una vez más, es una ley migratoria única en su género y que, desafortunadamente, muchos de nuestros compatriotas no saben apreciar; tampoco saben agradecer que este país nos reciba a todos sin importar credo, raza, orientación sexual ni sexo; en su seno pienso yo sin tener ninguna necesidad de hacerlo, y encima de ello nos colma de beneficios y nos abre las puertas del porvenir y de un futuro próspero y luminoso, siempre y cuando sepamos labrarnos dicho futuro; nos devuelve la fe y nos permite orientar nuestra mirada hacia un horizonte, que si es posible alcanzar, no importa en cuánto tiempo ni con cuánto sacrificio.

Según esto, tuvimos que esperar ese tiempo sin poder trabajar, solo haciendo pequeñas cosas posibles a nuestras habilidades, amistades y deseos, sin transgredir ninguna regla vigente; todos trabajos que ustedes, se imaginarán, tuvimos que pasar, pero por supuesto mucho menos traumatizantes que los de nuestros antecesores a quienes les debemos, lo menciono una vez más, el comenzar una vida nueva, llena de sorpresas, de penas, de dolor y de triunfos.

Como colofón de todas estas ventajas está el hecho de que cualquiera que tuviera hijos en edad escolar, no tenía necesidad de esperar tiempo alguno para que matriculara en cualquier escuela, ya fuera primara, media o superior, siempre que reuniera los requisitos que para esta enseñanza estaban establecidos, y así la niña pudo comenzar el *high school* (con las certificaciones de notas del Colegio Teresiano de Nicaragua que presen-tamos), en Miami Springs.

Mi señora trabajaba limpiando habitaciones, mi hijo continuaba en su trabajo de losero, yo, como ya mencioné, hacía algunos pininos en una oficina médica en Hialeah, por supuesto sin salario, solo con lo que la dueña me daba para gasolina y el almuerzo, pero lo hice con amor pues de esa forma, además de estar haciendo lo que sabía hacer, iba aprendiendo todo el teje-maneje de la vida laboral.

Para movilizarnos compramos un carrito, un Camry de 1993, que estaba feo el pobrecito, pero caminaba bien y nos servía para movilizarnos. Alternábamos esto con el transporte público, pues mi esposa, como había llegado antes que nosotros, pudo sacar su licencia de conducir, y así íbamos tirando, sobre todo muy felices de que por lo menos nuestra hija no estaba perdiendo el tiempo; vivíamos en un apartamentico como tres en su zapato, pero como ya dije, felices y pensando siempre positivamente, pues siempre que llovió, paró.

Comenzó entonces mi esposa en una escuela donde era profesor un compañero de curso y además un buen amigo personal, para obtener el título de *Health Home Assistant* (HHA), pero afortunadamente con sacrificio, sobre todo por el idioma, decidió no quedarse estancada ahí e inmediatamente logró obtener al título de *Certified Nursing Assistant* (CNA), con la licencia del Estado.

Como ven, íbamos saliendo poco a poco, confiando en nuestro cercano despegue y la consiguiente mejoría.

Al fin obtuvimos, la niña y yo, el permiso de trabajo y el *Social Security*, en espera de la tan ansiada "Green Card", pero bueno, ya con los documentos que nos permitían trabajar y obtener la Licencia de conducir; esta espera de la residencia no fue tan tormentosa, solo era cuestión de tiempo que nos llegara para completar este primer ciclo y seguir adelante, pues cada meta no era más que un punto de partida.

El mundo seguía su agitado curso y todo se iba desenvolviendo "viento en popa y a toda vela", ella terminando el *High School*, yo haciendo la solicitud de la certificación de Asistente Médico (*medical assistant*), mi esposa con sus "viejitos" a cuestas, como ella cariñosamente decía, y todo era tranquilidad si no fuera porque ya empezaba a sentir en carne propia el cambio del cacique al indio, cambio que se iba produciendo lenta pero inexorablemente, pese a que encontré antiguos compañeros de curso y amigos con quienes trabajé en sus oficinas médicas, siempre rodeado de respeto y consideración de parte de ellos y de los pacientes a los cuales asistía. Desde este punto de vista no se hacía notar tanto la diferencia, pero algo seguía repitiendo, muchas veces de marera imperceptible, la frase de Epiceto: "No hay que tener miedo de la pobreza, ni del destierro, ni de la muerte; de lo que sí hay que temer es de nuestro propio miedo", y ya empezaba a tener muy claro que aquel primer paso dado me hizo comprender que lo único que tenía para perder eran las cadenas, y ya las había perdido al salir de la boca del lobo.

Además les reitero, mis amigos, que más vale un minuto de pie que no una vida de rodillas.

Por ello, y por muchas otras cosas más que esta emigración me ha hecho comprender, es que hoy por hoy puedo entender, quizás un poco tarde, el sufrimiento y el dolor de todos aquellos que salieron una vez de Cuba, sin la más remota esperanza de volver a la tierra que los vio nacer y que los obligaron a abandonar, y también que las lágrimas derramadas son amargas, pero más amargas son aquellas que no se derraman, sí, aquellas que quedaban atrapadas entre pecho y espalda cuando veía que todo el esfuerzo y el sacrificio realizado desde 1969 (cuando comencé a convertirme, sin saberlo, en cacique), eran lanzados por la borda por la voluntad de un individuo, a quien no le interesó arrasar con toda una cultura de bondad, honestidad, sinceridad, amistad y hermandad que fuimos siempre los cubanos, aunque muchos de esta nueva generación no quieran o no sepan o no crean: piensan que solamente son cuentos de viejos, historia antigua.

Así transcurría esta etapa, llamémosle "de consolidación", pues no había marcha atrás: o triunfábamos luchando y adaptándonos a nuestras nueva situación, o nos hundíamos, pero cuando se es capitán de un barco como es una familia, no podíamos darnos el lujo de hundirnos, y no sé por qué ahora me vuelven a la mente las palabras de Hemingway: "Un hombre puede ser una y mil veces destruido, pero jamás vencido".

Peldaño a peldaño, fuimos escalando y pudimos mudarnos a una vivienda un poquito más espaciosa (no mucho, no crean). Nuestra hija termina su *High School*, y en este último año trabajó conmigo en una Agencia de *Home Health Care* en Miami Springs; finaliza esta enseñanza y comienza a hacer todo lo necesario para estudiar una carrera universitaria, y por supuesto, como lo único que ella había visto siempre en la casa era todo relacionado con el campo de la medicina, se decidió por estudiar enfermería, pero decidió hacerlo hacia una escala mayor, y logró matricular con los consabidos préstamos estudiantiles y un *grant* que obtiene en Barry University, para estudiar BSN (Bachelor on Science of Nursing), todo esto sin dejar de trabajar, logrando graduarse satisfactoriamente. Dentro de toda esa alegría que sentimos como padres, mi alegría mayor fue el demostrar toda la falsedad que el régimen nos había inculcado desde pequeños, que aquí en los Estados

Unidos no se podía estudiar y bla,bla,bla, patentizando una vez más que este es el país de las oportunidades (hay que lucharlas, por supuesto), pero son alcanzables; siempre que se quiere, se puede, y están ahí para cualquiera que desee, sin necesidad de favores ni prebendas.

Nuestro hijo varón también está ubicado y realizado, tiene su negocio propio y ya está casado con un hijo, y gracias doy todos los días a Dios de que podamos haber hecho todo este periplo hasta llegar donde estamos, para el beneficio de todos.

Una vez le dije a los dos que en los ojos del joven arde la llama, y en los del viejo, brilla la luz. No sé si lo entendieron o no pero estoy seguro de que hoy, si lo recuerdan, entienden su significado.

También les dije en una ocasión: nunca será tarde para buscar un mundo mejor y más nuevo, si en el empeño ponemos coraje y esperanza.

Mis amigos, si han tenido la paciencia y el estoicismo de haber llegado a este punto de la lectura les diré ahora que han recorrido el camino del nacimiento de un cacique que nació indio, y que como todo ser viviente, crece, se desarrolla y muere; con esto, quiero expresar, están en presencia no de la caída de un ídolo, sino del ocaso de alguien que alguna vez creyó que era cacique, y que terminara sus días como otro indio más, aunque ahora con el dolor de sentir aquello de que "tanto nadar para morir en la orilla" (refranero popular). Pero tengan presente que no importa cómo terminamos nuestros días, sino como vivimos nuestra vida: si lo hicimos con amor a los demás, sin hipocresía, sin bajas pasiones, habiéndose considerado un buen hijo, hermano, esposo, amigo y sobre todo padre, entonces podemos decir que sentimos, sin temor a equivocarnos, que terminamos con la satisfacción del deber cumplido, y quienes de veras nos han querido nos recuerdan siempre con amor, con cariño, y en todo momento dirán: fue un buen hombre.

Así las cosas, hemos vuelto a ser indio, en una tribu muy diferente a la cual perteneció el indio inicial que poco a poco se fue convirtiendo en cacique, pero ahora con dignidad, pues la dignidad de los hombres no tiene precio y no es negociable, y más vale un minuto de pie, que una vida de rodillas; por lo tanto repito las sabias palabras de Confucio: "Es más fácil apoderarse del comandante de un ejército, que despojar a un hombre de su libertad".

A pesar de todos los prejuicios, y de la visión errónea y equivocada que nos dieron desde el mismo año 59, y que nos fue calando muy profundo como una infusión intravenosa pero muy sutilmente y bien lograda, hoy podemos entender lo que nuestros predecesores pudieron ver con claridad: nos hicieron creer que éramos el "ombligo del mundo", pero a medida que fuimos conociendo algo más que nuestra querida islita nos fuimos dando perfecta cuenta del engaño a que fuimos sometidos, y como dije casi al inicio de este relato, toda mi generación, sin darnos cuenta, creímos en ese sistema (quizás porque no conocíamos otro), y también ayudamos consciente o inconscientemente a crearlo y conservarlo; pero bueno, como nunca es tarde para rectificar y enderezar el rumbo de una nave hacia nuevos horizontes por nosotros trazados sin obligación, coerción, ni imposición alguna, hoy somos lo que quisimos y pudimos ser, con entera libertad, porque más grande que el amor a la libertad, es el odio a quien nos la quita.

Este indio, no les voy a decir una cosa por otra, sufrió mucho su nueva condición, pues después de tanto y tantos sacrificios y años de estudio y trabajo, hoy tiene que conformarse, no hay otra, y este mismo sentimiento lo comparto con más de uno de mis compañeros, muchos del mismo curso, otros, de diferentes graduaciones, pero que quizás, como yo, llegaron un poco tarde; las más de las veces nuestra conversación, cuando nos reunimos a socializar, es la misma, pero también les diré que la gran mayoría está muy consciente y contenta de su posición pues, como yo, ven más allá de sus narices, es decir, tienen fe en el futuro, pues todo aquel con no tenga fe en el futuro, volvería al estado de las bestias, y pensamos ya no por nosotros, sino por nuestras familias que hoy nos acompañan, afortuna-damente, y pienso en más de una ocasión en la actualidad de estas palabras: "¿Qué le dijo la "flor de maravilla" a las demás flores?: Aprendan, flores, de mí, lo que va de ayer a hoy, ayer maravilla fui y hoy sombra de mí no soy".

El surgimiento de esta nueva generación de indio ha sido diferente, pues gracias a Dios, en el *environment* en que me desenvuelvo he sido respetado y querido, por supuesto con las limitaciones que trae consigo el no tener la debida licencia para trabajar como médico (revalida), pero específicamente dentro de mi especialidad soy consultado varias veces por otros colegas que valoran nuestra experiencia, y eso nos reconforta y nos hace salir del bache cuando humanamente nos encontramos *down*, y no es por la situación económica, cosa que muchos no quieren entender, es por nuestro orgullo, por ser reconocido nuestro conocimiento, otorgándonos nuestro valor (des-graciadamente, no siempre es así), y día a día libro la batalla más difícil, y es la que tengo conmigo mismo.

Aquí también aprendí que todos los hombres tienen igual derecho a la libertad, a su prosperidad y a la protección de las leyes, todo esto totalmente desconocido durante todos esos años que vivimos ciegos e ignorantes.

Como iba diciendo, casi todos nosotros hemos tenido la oportunidad de orientarnos hacia lo que hacíamos en Cuba, nuestras diferentes profe-siones, no solo médicos, sino también ingenieros, arquitectos, mecánicos, abogados, contadores, etc., pues como ya mencioné, tuve la oportunidad para realizar este relato, de hacer varias preguntas y de averiguar sanamente a lo que se han dedicado muchos de nuestros compatriotas que también una vez fueron caciques en sus predios y que, con tesón y voluntad, han salido a flote en esta nueva sociedad, que repito, nos acogió con ternura, amor y sobre todo con respeto, ofreciéndonos todas las oportunidades al igual que a cualquiera de sus hijos, algo que hicieron sin realmente tener que hacerlo, por eso, a todos los que pude entrevistar (por decirlo de alguna manera), personas de diferentes generaciones, concordamos en que no podremos **nunca,** óigase bien: **nunca** olvidar este gesto de altruismo y humanidad, y el agradecimiento tiene que ser hoy, mañana y siempre, de parte de nosotros y de nuestras generaciones futuras y, sin adulaciones ni lisonjas, muchos de nosotros hemos estado de acuerdo en que plasme en este sencillo libro estas palabras:

¡¡¡Muchas gracias, exilio histórico!!!

Hoy me siento feliz, contento y orgulloso, sin importar todos los caminos tortuosos y llenos de espinas que a veces tuve que transitar, pues todo aquel que se detiene a recoger las piedras que le tiran en su camino, no llega a su destino y aunque los perros ladren, la caravana pasa.

Como mi familia y yo, muchos pero muchos tuvieron que pasar infinidad de veces el Niágara en bicicleta, pero ya hoy creo que todos podemos sentarnos y esperar ver pasar, en algún momento, a nuestro enemigo y verdugo hecho tierra, carcomido y cocinado en su propio odio y maldad, pues es posible que de la justicia de los hombres alguien escape, pero estoy seguro que de la justicia divina nadie puede escapar, más tarde o más temprano todos serán juzgado por el Juez Supremo, que será misericordioso pero extremadamente justo e implacable.

Espero que hayan entendido la idea y el meollo de esta sencilla narración y que hayan podido responderse, después de haber tenido esta enorme paciencia que agradezco de todo corazón, por qué intitulé así este relato, narración, historia, cuento de hadas o suspenso, no sé, como quieran considerarlo, después de haber sido testigos del nacimiento de un supuesto Cacique, en una tierra donde nadie ha podido serlo de verdad (a lo sumo, como una ilusión, una quimera), pues estos sistemas no permiten nacimiento y mucho menos el desarrollo de cualquiera que haya pensado ser algo más que indio.

Repito una vez más: creo que todos nacemos indios, pero tenemos el <u>derecho</u> <u>inalienable</u> de poder convertirnos en caciques si tenemos todas las condiciones dadas para ello, entiéndase: voluntad, inteligencia, tesón, deseo, perseverancia, oportunidades, pero sobre todas las cosas <u>libertad</u> para poder trabajar y vivir en paz y armonía, siendo, sin que nos estorben, arquitectos de nuestro propio destino.

Y como podrán haber inferido de la lectura de estas páginas, este derecho nos fue negado y pisoteado de una u otra forma.

Como conclusión, después de haber podido analizar y conocer muchas de las peripecias de nuestros amigos y hermanos, creo, sin temor a equivocarme, que no importa haber terminado indios, sino haber terminado con la frente muy en alto y con el orgullo y la dignidad de *tener*, no importa si fue en el ocaso o en el declive del cacique, y poder decir, como dice el poema de Nicolás Guillen: "tengo lo que tenía que tener". Si estas líneas sirvieron para traer a nuestras memorias vivencias y situaciones quizás ya olvidadas, y si alguien se ha podido ver retratado en el tiempo en ellas, entonces creo y doy gracias a Dios de que mi objetivo principal fue cumplido junto, quizás, con el de pagar un poco la deuda contraída, sin darnos cuenta, con todos aquellos que nos precedieron y nos hicieron posible lo que hemos hecho no solo para nosotros mismos, sino también para nuestras familias, al precio de la destrucción de un cacique para el nacimiento de un indio, pero un indio libre y que para algunos fue como el indio Hatuey, que prefirió morir que claudicar.

De nuevo muchas gracias a ustedes y a todos aquellos que de una forma u otra se ven reflejados en las cuartillas de esta narración.

Acerca del autor
Reinaldo Cortés

Mis primeros pasos en la educación comienzan en la Escuela el Niño de Belén, escuelita anexa al Colegio de Belén en La Habana donde soy merecedor de una beca en cuarto grado para estudiar en dicho colegio de Jesuitas. En el segundo año de preuniversitario (*High School*), soy llamado al Servicio Militar Obligatorio.

Al terminar el tiempo reglamentado matriculo en el Instituto de Ciencias Básicas y Pre-Clínicas Victoria de Girón, comenzando así la carrera de medicina. Comienzo y termino los estudios para Especialista de Primer Grado de Ginecología y Obstetricia en la Maternidad Obrera de Marianao, Ciudad de la Habana. En este tiempo soy enviado a cumplir misión internacionalista en la República de Libia y por supuesto se me atrasa la residencia por tres años. Finalmente me gradúo de Especialista y me envían entonces a la provincia de Guantánamo, en un llamado "Plan 5 años", también llamado "Plan Fidel" para la inauguración de la Facultad de Medicina de esa provincia, la más oriental del país, con el objetivo de terminar de formar médicos con los alumnos de sexto año de la carrera (internado de montaña) y algunos especialistas.

Al terminar esos largos cinco años, regreso a La Habana y me envían entonces a la remodelación del Pabellón Lebredo del Hospital Julio Trigo (antiguo Sanatorio anti-tuberculoso La Esperanza), en Arroyo

Naranjo, con el objetivo de convertirlo en un hospital Gineco-Obstétrico de más de 400 camas. Después de inaugurado, quedo como jefe del servicio de Ginecología, hasta 1991.

En este tiempo completo el ejercicio requerido para obtener el título de Especialista de Segundo Grado, además de haber obtenido también el grado de Profesor Asistente. Me envían entonces a cumplir otra misión en la República de Namibia, en el África subsahariana. Al regreso decido entonces volver a mis raíces en la Maternidad Obrera, y mientras trabajaba en ese hospital mi familia y yo decidimos salir de Cuba en forma definitiva, y así llegamos a Nicaragua donde trabajé por espacio de seis años, para mí y mi familia.

En el año 2002 decidimos emigrar hacia los Estados Unidos, obteniendo la ciudadanía en 2009. Actualmente residimos en Miami.

Facebook
https://www.facebook.com/reinaldo.cortes.71?fref=ts

Email

rcortes897@yahoo.com

Made in United States
Orlando, FL
01 December 2021

11007810R00137